Claudia Holl

KOCHEN FÜR DIE MITTE

Claudia Holl

Kochen für die Mitte

Heile dein Herz

freya

ISBN: 978-3-99025-107-2
© 2013 Freya Verlag
www.freya.at
Layout: freya_art, Isabell Gemende M.A.
printed in EU

Fotos: Claudia Holl
Titelbild: Claudia Holl

Weitere Bilder fotolia.com: © Nicole Effinger, © Maksim Shebeko,
© styleuneed, © JulietPhotography, © Benicce, © Abe Mossop, ©
Pixel & Création, © Elena Schweitzer, © mythja, © yanlev, © kasto,
© contrastwerkstatt, © rangizzz, © yellowj, © detailblick, © tinade-
fortunata, © Picture-Factory, © jirawatp, © Johanna Mühlbauer, ©
Anterovium, © Argus, © PlanctonVideo, © flukesamed, © Creati-
vemarc, © coldwaterman, © Sea Wave, © Guz Anna, © photocrew,
© HandmadePictures, © Gina Sanders, © peshkova, © kjekol, ©
yanlev, © Subbotina Anna, © Kirill Kedrinski, © Zora_Rossi, ©
yvart, © kstudija, © kanate

Dieses Buch stellt keine Ansprüche auf Richtigkeit oder Vollständigkeit, sondern basiert auf eigenen Erfahrungen und „Wissen". Die Fotos entstanden auf den gemeinsamen Wanderungen und Reisen mit meinem Mann oder in unserem Garten.

INHALT

VORWORT

Liebe Leserin, lieber Leser,

laut einigen klassischen Werken der Traditionellen Chinesischen Medizin (TCM) gibt es acht Bereiche, die eingesetzt werden können, um die Gesundheit eines Menschen zu entfalten. Dazu zählen Akupunktur, Phytotherapie, Astrologie, Musik, Tai Qi bzw. Qi Gong, Kampfkünste, Kalligrafie und als Basis die Ernährung.

Eine der Stärken der Ernährung aus Sicht der TCM zeigt sich in der überaus exakten Beschreibung der einzelnen Nahrungsmittel. So werden neben Geschmack, thermischer Wirkung und Organzuordnung jeweils die speziellen Wirkungen und die empfohlenen Tagesdosierungen angegeben.

Eine weitere Stärke der traditionellen chinesischen Ärzte war es, über die Beschreibung der einzelnen Nahrungsmittel hinaus, Gerichte zusammenzustellen, deren Aufbau durch eine äußerste Präzision besticht. Diese Speisen waren oft überaus wohlschmeckend und gleichzeitig eine Wohltat für die Augen. In Europa war dieses Wissen nicht in diesem Ausmaß vorhanden bzw. wurde es hier in der entsprechenden Literatur nicht schriftlich festgehalten.

Die Aufgabe im Leben besteht darin, derjenige zu werden, der man ist. Diese Aussage mag uns als Hinweis dienen, dass wir von Natur aus gesund, in unserer Mitte, vollkommen sind. Wir haben es lediglich vergessen. Es gibt zahlreiche Wege, wieder unserem wahren Potenzial gerecht zu werden, gesund zu werden, eine gesunde Mitte zu erlangen, in das göttliche Licht einzutauchen, unsere Buddha-Natur zu realisieren. Ernährung kann einer davon sein.

Es freut mich, dass Claudia Holl mit viel Engagement, Freude sowie Liebe zum Detail nun ihr Wissen in Form dieses persönlich gestalteten Buches publiziert. Ich bin davon überzeugt, dass dieses mit einem von der Autorin gemalten Bild versehene Werk den Leserinnen und Lesern von großem Nutzen sein wird!

Abschließend eine kurze Geschichte:

Einer alten, seit zahlreichen Generationen überlieferten Anekdote aus der Geschichte der Tibetischen Medizin ist zu entnehmen, dass eines Tages der mit umfangreichem Wissen versehene Lehrer – es war Jivaka, der Arzt des Buddha, sein tibetischer Name war „tsho byed gzhon nu" – die um ihn versammelten Schüler aufforderte, den Unterrichtsraum zu verlassen, um in der Umgebung nach Pflanzen Ausschau zu halten, die keinerlei Heilwirkung aufweisen. Mit diesem Auftrag versehen, machten sich die Schüler auf den Weg.

Einige der Ausgesandten kamen bereits nach kurzer Zeit zurück. Sie trugen diverseste Wurzeln, Früchte eines Baumes, Blüten etc. in der Hand. Andere benötigten etwas länger. Doch einer der Schüler, er war mit besonderen Talenten versehen, konnte, so sehr er sich auch bemühte, keinerlei Pflanzen ohne Heilwirkung finden und kam aus diesem Grund am dritten Tag mit leeren Händen wieder zu seinem Lehrer zurück. Natürlich pries ihn sein Lehrer, da laut seinen Ausführungen in der Natur nichts ohne Heilqualitäten zu finden sei.

Ich wünsche Ihnen viel Freude bei der Lektüre sowie der praktischen Anwendung dieses Buches,

Herzlichst,

Ihr
Dr. med. univ. Florian Ploberger, B.Ac., MA
Wien, im Sommer
des Wasser-Schlangen-Yin-Jahres 2013

EINLEITUNG

Das Thema der schwachen Mitte bzw. der starken goldenen Mitte als *Tor zum Herzen* ist für mich gerade jetzt in der Zeit des Wandels/2012 und den Jahren danach sehr präsent und auch brisant. Es geht um Stabilität, gut bei sich selbst, in der eigenen Mitte und damit in der eigenen Kraft bleiben zu können. Denn nur die Handlungen, die aus der eigenen Mitte über das Herz gelebt werden, bringen uns auch auf unseren Herzens- und Seelenweg. Fehlt die Stabilität, so wirft uns jedes kleinste Ereignis aus der Bahn, bringt uns aus dem Gleichgewicht und wir verlieren das Gefühl für uns selbst.

Jeder Mensch benötigt jedoch in diesen Zeiten und auch immer wieder in seinem Leben die Stabilität und Festigkeit, um durch den Wandel voller Vertrauen hindurchgehen zu können, mit vollem Bewusstsein und Präsenz, also in der Verbindung zur Quelle und getragen von Mutter Erde.

Mit meinem Buch möchte ich Sie in die Achtsamkeit begleiten, ein Bewusstwerden, wie alles zusammenhängt, dass alles mit allem verbunden ist und sich gegenseitig behindern oder aber fördern kann.

Im ersten Teil des Buches erfahren Sie, wie sich eine geschwächte Mitte zeigen und wodurch sie entstehen kann. Im zweiten Teil führe ich Sie durch einige mögliche Wege in Ihre starke goldene Mitte.

Ich möchte Sie anregen, Ihr Denken, Ihre Gefühle und Ihre Körperwahrnehmungen auszuweiten. Mit verschiedenen Ansätzen und Aspekten möchte ich die Achtsamkeit in Ihnen gefördern – für Sie selbst, Ihr Umfeld, die Natur, Ihre Atmung, die Lebensmittel, das Kochen, das Essen, Ihr gesamtes *Sein* und

Leben. Laden Sie die Achtsamkeit zu sich ein und lassen Sie sie einen beständigen Gast in sich selbst, in Ihrem Haus und Umfeld sein!

Ich wünsche Ihnen von ganzem Herzen, dass mein Buch Sie inspiriert, Sie im Wandel begleitet, Sie dabei unterstützt, sich Ihrer selbst bewusst zu werden und Sie durch dieses neue Bewusstsein für sich selbst liebevoller sorgen, also sich selbst nähren! Die Rezepte für eine starke Mitte unterstützen Sie dabei auf physischer Ebene.

ZU MEINER PERSON

Ich arbeite seit 2000 in eigener Praxis mit Kinesiologie, Jin Shin Jyutsu, TCM, der 5-Elemente-Ernährung, Meditation, Essenzen, Goldenen Herzverbindungen, Seminaren, Vorträgen und Einzelbegleitungen.

In der 5-Elemente-Ernährung habe ich mir in den Jahren seit 1990 viel Wissen und persönliche Erfahrungen aneignen dürfen, unterstützt durch meine Ausbildungen, meine Intuition und Sensitivität. Anfangs habe ich diese Ernährungsform teilweise in unser Leben integriert, ab 2000 vollständig mit drei regelmäßigen, meist warmen Mahlzeiten. Zur Vervollkommnung meines Wissens absolvierte ich die TCM-Ausbildung bei Dr. Florian Ploberger. Seit 2006 gibt es ein Kochbuch von mir, seit 2009 ist es auch im Handel erhältlich – Kochen für die Seele. In meinen Beratungen und auch in meinem Kochbuch lege ich mein Augenmerk auf die Stärkung der Mitte, da sie das Zentrum von allem bildet und alle anderen Elemente unterstützt bzw. den Übergang ermöglicht.

WARUM ERNÄHRUNG AUCH FÜR SIE WICHTIG SEIN KANN

Zur Ernährung bin ich aus verschiedenen Gründen gekommen:
Ich koche und esse für mein Leben gern. Ich habe einen sehr ausgeprägten Geschmacks- und Geruchssinn, was den Genuss des Essens noch intensiviert. Meine Mutter arbeitete ganztags, sodass ich schon früh begann, für mich selbst zu kochen. Den Samen dafür legte meine Oma, die selbst eine leidenschaftliche und begnadete Köchin war. Sie weckte meine Liebe für das Essen und Kochen.

Die herkömmliche Ernährung passte nicht für mich. Und damit bin ich nun nicht mehr allein. Für viele Menschen ist das „normale" Essen mittlerweile keine befriedigende und vor allem keine *nährende* Ernährung mehr. Die Menschen werden immer sensitiver. Auch ich vertrug aufgrund meiner Sensitivität viele Gerichte und Lebensmittel nicht. Deshalb war ich häufig krank und hatte zahlreiche Allergien.

Viele Menschen wollen, so wie ich, keine Ernährung, die sie einschränkt, keinen fixen Diätplan, denn jeder Mensch ist eine eigene Seele, ein eigenes Individuum und benötigt die Nahrung in der zu ihm passenden Form. Wir Menschen wollen die Freiheit, nach unserem eigenen Gefühl das zu essen, was uns wohl bekommt und uns Freude bereitet.

DIE 5-ELEMENTE-ERNÄHRUNG

Die 5-Elemente-Ernährung ist faszinierend und tiefgehend, weil sie mit dem Rhythmus der Natur geht, den Menschen als Ganzheit wahrnimmt, natürliche Erklärungen für den Ist-Zustand eines Menschen parat hat, den Menschen in die Natur miteinbindet, in deren Lebenskreislauf. Da ich ein Wesen der Natur bin, hat mich das sehr stark angesprochen und auch angezogen. Die 5-Elemente-Ernährung ist weit, lässt vieles zu und kann den Menschen dazu anleiten, wegzukommen von allgemeinen Diätrichtlinien hin zu seinem eigenen FÜHLEN und SPÜREN und damit zu seiner ganz eigenen, nährenden Ernährung.

Aufgrund meiner Sensitivität (HSP) kann ich mich immer wieder in das hineinfühlen, was für mich energetisch passt. Ich fühle die Nahrung in ihrer thermischen Struktur: Mir wird entweder sofort kalt (Joghurt) oder heiß (Ingwer) und auf zu viel Knoblauch reagieren meine Schleimhäute mit Trockenheit.

Aber auch die energetische Struktur der Lebensmittel fühle ich körperlich, etwa ob die Haltung der Tiere und der Anbau der Pflanzen biologisch oder herkömmlich erfolgte. Auf Fleisch von Tieren (ich esse selten Fleisch) aus konventioneller Haltung reagiere ich mit Trauer und/oder Zorn – es enthält wenig bis kein Licht, dafür aber Schwere. Diese Reaktion hält bis zur gänzlichen Verdauung an. D. h. jede Art von Stress, auch in Form von Lebensmitteln, die nicht zu uns passen, bringt den Menschen aus seiner Mitte!

Mit der 5-Elemente-Ernährung können Sie den Speiseplan genau auf Ihre Bedürfnisse, auf Ihre Sensitivität abstimmen, eingebunden in den Rhythmus der Natur. Zusätzlich erhöhen sich durch das Kochen im Zyklus der 5 Elemente, dem Zyklus der Natur, Ihre Energie und Ihr Bewusstsein, was Ihren spirituellen Weg und damit den Weg des Sich-selbst-kennen-und-lieben-Lernens auf das Beste unterstützt.

Als ich im Jahr 2000 zur Gänze auf die 5-Elemente-Ernährung umgestellt habe, fiel mir auf, dass sich manche Themen verabschiedeten, andere, tiefere auftauchten. Mir war klar, dass das durch meine Art zu kochen bedingt war, da ich bei meiner 5-Elemente-Ernährung das Augenmerk auf die Stärkung der Mitte lege. Aus spirituell-energetischer Sicht entstehen durch die Stärkung der Mitte die Stabilität und die Kraft, das Herz zu öffnen und sich dadurch selbst noch tiefer kennen und lieben zu lernen.

DIE SCHWACHE MITTE

In der Praxis ist gerade die Mitte immer wieder ein Thema. In der Zungenanalyse erkennen TCM-Ärzte und -Praktiker diesen Zustand u. a. durch Zahnabdrücke an den Zungenrändern. Ist die Mitte schwach, ist das Verdauungsfeuer/die Verdauungskraft eines Menschen geschwächt und, aus westlicher Sicht betrachtet, auch der Stoffwechsel verlangsamt. Das wiederum bedingt, dass die Nahrung langsam bzw. unvollständig verdaut wird.

Dazu möchte ich Ihnen ein Bild geben:
Stellen Sie sich Ihren Magen bzw. Ihre Mitte als einen Topf vor, der über einer Feuerstelle hängt. Ist Ihr Feuer klein, schon beinahe herabgebrannt, dann kann das, was in den Topf hineinkommt, nur mehr schwer verdaut werden. Geben Sie nun noch kalte Gerichte wie z. B. eine Jause, Rohkost, Joghurt, etc. in Ihren Topf, so kann das Feuer ganz ausgehen. Das heißt jedoch, dass die Nahrung lang im Magen liegen bleibt.

Jedes Lebensmittel/Gericht enthält Flüssigkeit und im Magen beträgt die Temperatur ca. 36,5 Grad. Durch die Wärme beginnt die Flüssigkeit des Lebensmittels zu verdunsten. Dieser „Nebel" kann jedoch nicht abziehen wie in der Natur, sondern bleibt im Magen bzw. im Verdauungstrakt. Das nennen wir in der TCM „Feuchtigkeit". Und auch die Wärme ist nach wie vor vorhanden. Daraus entsteht die sogenannte *„Feuchte Hitze"*.

Auch dazu möchte ich Ihnen gerne ein Bild geben:
Stellen Sie sich die Tropen mit ihrem feucht-warmen Klima vor. Wie geht es Ihnen dort? Sind Sie voller Tatendrang und aktiv, oder eher gebremst und zäh und alles geht langsamer, beschwerlicher?

Genauso können Sie sich Feuchtigkeit bzw. feuchte Hitze in Ihrem Körper vorstellen. Alles geht langsamer, beschwerlicher. Und genauso fühlen Sie sich auch.

FEUCHTIGKEIT

Feuchtigkeit ist eines der am meisten vorhandenen „Probleme" in unserer Zivilisation. Bedingt durch unsere *klimatischen Verhältnisse* (oft regnerisch und gemäßigtes Klima), durch unsere *Ernährung* (Süßes, Milchprodukte im Übermaß) und unsere *Lebensweise* (Stress, Zeit- und Bewegungsmangel, Sorgen und Grübeln) fördern wir die Feuchtigkeit und die damit verbundenen Auswirkungen noch zusätzlich.

Leber-Qi-Stagnation
Die Leber-Qi-Stagnation bedeutet für den Menschen sich selbst nicht verwirklichen und leben zu können und deshalb nicht in die Freude zu gelangen. Im großen Kreislauf gibt Holz (Leber und Gallenblase) seine Energie an das Feuer (Herz und Dünndarm) weiter.

Feuchtigkeit verhindert die Klarheit des Herzgeistes Shen, da durch den „Nebel" auch die feinen Herzkanäle verlegt werden und Konzentration und Klarheit nur schwer möglich sind.

Feuchtigkeit tritt oft auch gepaart mit einer Leber-Qi-Stagnation auf. Die Leber steht in der TCM u. a. dafür, die Lebensenergie Qi zu bewegen. Feuchtigkeit macht jedoch auch das Qi langsamer bzw. bringt es bei lang andauernder Feuchtigkeit zum Stocken = Leber-Qi-Stagnation.

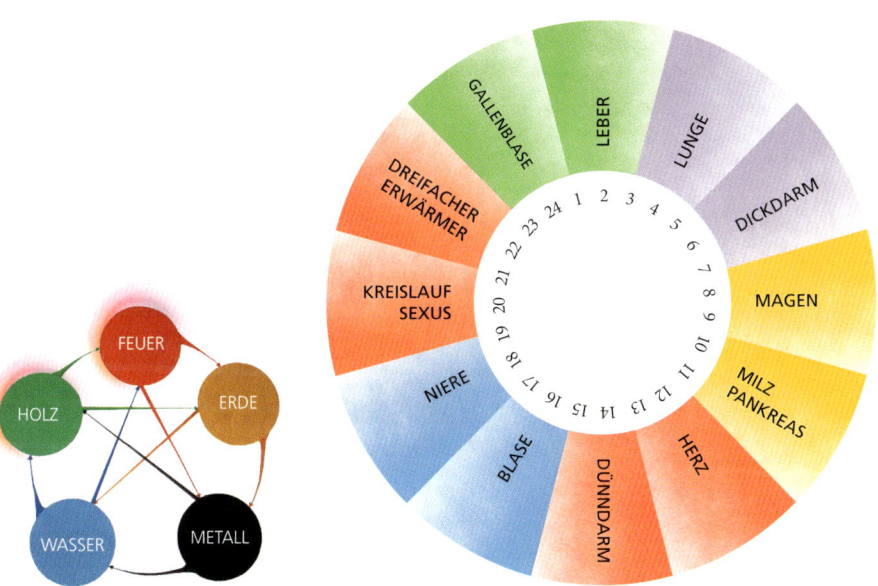

Feuchtigkeit/Schleim verhindert also u. a. die Klarheit. Sie verstopft die feinen Kanäle, auch die des Herzens. Somit ist Fühlen nur schwer möglich. Das Denken regiert den Menschen.

Besteht nun auch noch gleichzeitig eine Leber-Qi-Stagnation, die das Gefühl vermittelt, sich selbst nicht leben zu können, bedeutet das für den betreffenden Menschen oft eine scheinbar ausweglose, nicht zu bewältigende Mischung! Es fehlen Klarheit über die Richtung und die Kraft und Energie, sich überhaupt zu bewegen oder zu motivieren.

Körperliche Symptome

der schwachen Mitte aus Sicht der TCM können u. a. sein:

- Konzentrationsmangel
- allgemeine Müdigkeit
- langsamer Stoffwechsel
- Verschlackung des Organismus
- Ödeme
- Appetitlosigkeit
- Blähungen
- Völlegefühl
- Bauchschmerzen nach dem Essen
- Cellulitis
- Unverträglichkeit von Vollkornprodukten, frischem Brot und rohem Obst
- Neigung zur Unterzuckerung
- Schweregefühl
- vermehrtes Verlangen nach Süßem

Seelische Symptome

der schwachen Mitte aus Sicht der TCM können u. a. sein:

- Sorgen
- Grübeln
- Selbstzweifel
- Unsicherheit
- fehlendes/schwaches Gefühl der Geborgenheit
- Unfähigkeit zu sich zu stehen
- mangelndes Selbstvertrauen
- Depressionen

DIE STARKE MITTE
AUS SPIRITUELL-ENERGETISCHER SICHT

Die Mitte gehört mit den Organen Magen und Milz zum *Element Erde*. Das Element Erde steht aus spirituell-energetischer Sicht für:

- Geborgenheit
- Nähe und Berührung (Hautoberfläche)
- gut und richtig genährt sein und sich selbst nähren können
- Standhaftigkeit/Erdung
- Stabilität
- sich selbst gut kennen, sich fühlen
- seinen Platz im Leben einnehmen = den Platz in der Familie, im Freundeskreis, im Berufsleben, in der Partnerschaft
- die Mitte repräsentiert das 3. Chakra, den Solarplexus

Solarplexus-Chakra
Dieses Chakra steht für den eigenen Willen, Emotionen, die eigene Sonne für sich selbst sein, für die innere Weisheit, den inneren Schatz.

Die Mitte (das Element Erde) bildet das Zentrum. „In der Mitte ruht die Kraft" heißt schon ein altes Sprichwort. Die Mitte bildet das zentrale Element, das auch den Übergang in alle anderen Elemente einleitet, begleitet und unterstützt. D. h. eine starke Mitte unterstützt uns, einen Übergang, eine Transformation zu schaffen (Zeitenwende).

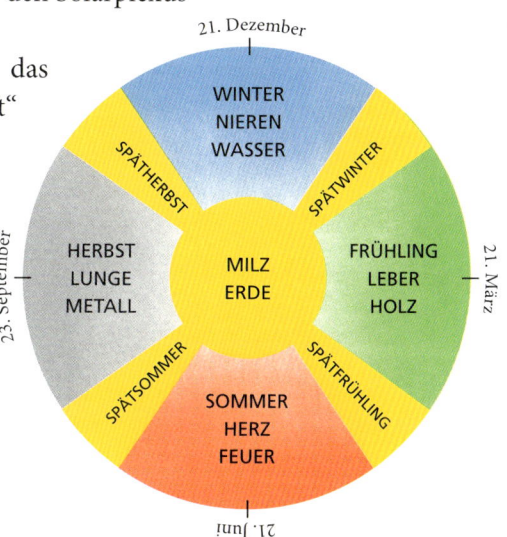

Die Milz wirkt als Transformator. Sie wandelt alle Energie, die wir zu uns nehmen, in eine eigene, uns verträgliche, nährende Energie um. Vorausgesetzt die Milz ist stark.

Eine schwache Milz kann Energien, die von außen in uns gelangen, nicht oder nur teilweise umwandeln. Deshalb ist die Qualität der Nahrung, wie und wovon wir uns ernähren, so wichtig, denn sie hat einen unmittelbaren Einfluss auf unseren physischen Körper, unsere Gedanken, unsere Gefühle/Emotionen, unsere Seele und damit auf unsere Balance.

Alles um uns herum ist Nahrung: die Luft, die wir atmen, das Wasser, das wir trinken, die Sonne, die uns wärmt, die Lebensmittel, die uns stärken. Aber auch die Gedanken, die wir denken, die Gefühle, die wir fühlen, die Handlungen, die wir tätigen, die Beziehungen, die wir leben, können uns nähren, aber auch vergiften, denn jede Energie von außen hat einen nachhaltigen Einfluss auf unser Wohlbefinden.

Wir unterscheiden fünf Arten energetischer Nahrung: energetische Nahrung in Form von Lebensmittel, in Form von Gedanken, von Emotionen, von Atmung und von Beziehungen.

LEBENSENERGIE QI
Die Lebensenergie ist eine übergreifende Kraft, die nicht nur Erfolg und Glück sichtbar macht, sondern auch die Grundlage für physische Energie, gute Beziehungen und eine gute Gesundheit ist. Darüber hinaus empfinden Menschen mit einer hohen Lebensenergie ihr Leben als harmonisch.
Wenn unsere Lebensenergie niedrig ist, sehen wir weniger Möglichkeiten. Unsere Auswahl scheint eingeschränkt.

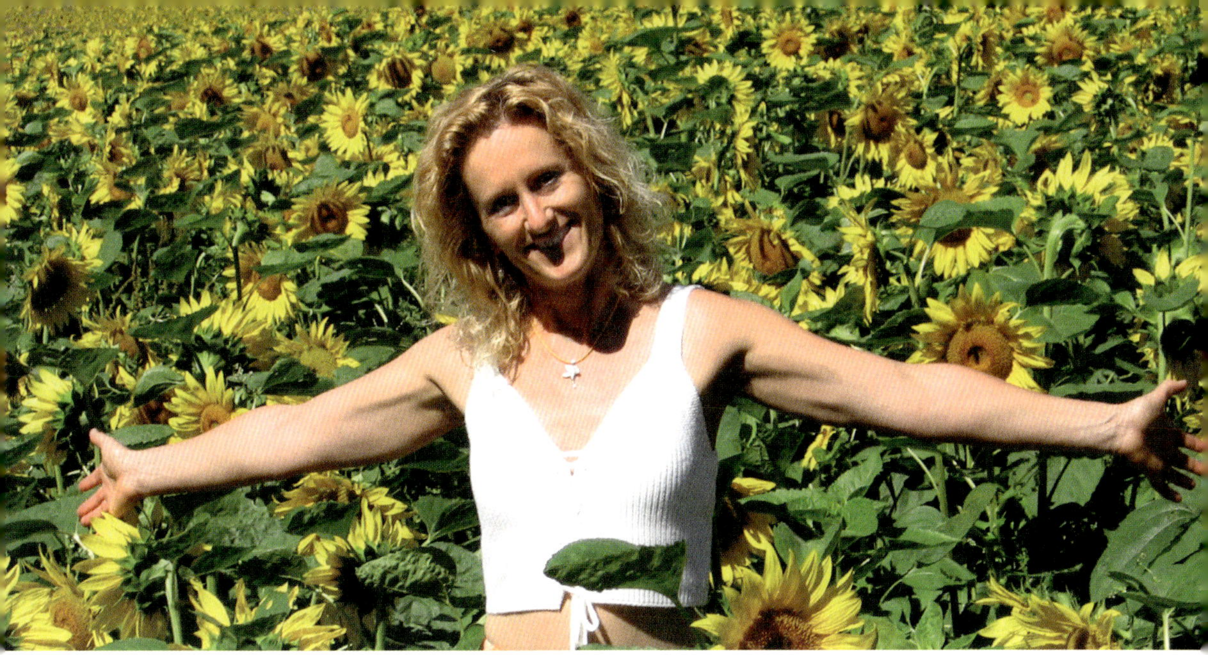

FÜNF ARTEN ENERGETISCHER NAHRUNG

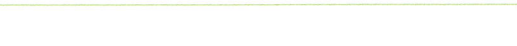

1. Nahrung in Form von Lebensmitteln

Hier möchte ich ganz besonders darauf hinweisen, dass auch die Beschaffenheit der Lebensmittel, ob aus biologischer, artgerechter Haltung oder nicht, ob aus Fair Trade oder nicht ... maßgeblich ist und eine große Rolle spielt. Je höherwertig die Lebensmittel, umso höher die Energie, die der Mensch daraus für sich gewinnen kann, vorausgesetzt, die Mitte ist stark. Auch das Bewusstsein beim Zubereiten der Gerichte gehört dazu. Je mehr Liebe und Wertschätzung Sie dem Lebensmittel entgegenbringen und beim Zubereiten fühlen, umso mehr Energie bekommen Sie aus den Gerichten als Geschenk zurück! Die Menschen, die das fühlen können, werden immer mehr!

Konventionell erzeugte Lebensmittel

Betrachten wir einmal die Lebensmittel in ihrer energetischen Struktur:
Lebensmittel, die durch Düngemittel gepuscht werden, um schnell zu wachsen und möglichst viele Früchte zu bringen, tragen genau diese gepuschte, schnelle,

triebhafte Energiestruktur in sich. Diese Energiestruktur nehmen wir zu uns, wenn wir diese Lebensmittel essen. D. h. auch wir geben uns dann nicht die Zeit, in unserem Tempo zu reifen und zu wachsen, sondern puschen uns, um möglichst schnell voranzukommen, alle Bewusstseinsschritte möglichst schnell erledigt zu haben, ohne auf das eigene Tempo zu achten. Wir missbrauchen uns selbst!

Je schneller das Wachsen der Lebensmittel durch Düngung und die Absicht der Gewinnoptimierung ist, umso weniger Stabilität und Kraft enthält das Lebensmittel. Tiere und Pflanzen werden meist in Glashäusern oder in Ställen gezüchtet, ohne den klimatischen Faktoren wie Wind, Regen, Kälte, Hitze, etc. ausgesetzt zu sein. Dadurch können sie ihr eigenes Immunsystem, ihre Kraft und Stabilität nicht entwickeln.

Es ist wie bei Kindern, die zu schnell wachsen. Oft sind es die Beine, die länger werden und so die gesamte Struktur eines Kindes durcheinanderbringen (Verhältnis von Rumpf zu den Beinen). Auch Kinder benötigen nach einem Wachstumsschub Zeit und Raum, um die neuen Gegebenheiten integrieren, sich neu ausrichten zu können und wieder Stabilität zu finden.

Biologisch erzeugte Lebensmittel

Lebensmittel hingegen, die *biologisch* oder *biologisch-dynamisch* wachsen, haben die Zeit zu wachsen und zu reifen, in ihrem ganz eigenen Tempo und mit vollen Geschmack. Sie sind den klimatischen Bedingungen ausgesetzt und lernen, diesen Anforderungen standzuhalten. So können sie eine ganz andere Energiestruktur, ein stärkeres Immunsystem, mehr Stabilität und weit mehr Lebensenergie Qi aufbauen.

Ernähren wir uns von diesen Lebensmitteln, so führen wir uns diese Energiestruktur zu und können uns so das Geschenk machen, Veränderungen und Bewusstseinsschritte in unserem ganz eigenen Tempo zu gehen, in unserem ganz eigenen Rhythmus zu wachsen und zu reifen. Aus dieser Energie heraus können wir den Anforderungen des Lebens besser standhalten und voller Kraft, Stabilität und Vertrauen durch die alltäglichen Herausforderungen hindurchgehen, bis wir bei unserer inneren Weisheit, bei unserem inneren Schatz angelangt sind: der Liebe zu uns selbst und zu allem, was ist.

2. Nahrung in Form von Gedanken

Durch eine schwache Milz/Mitte kommt es zu innerer Feuchtigkeit und dadurch wiederum zu belastenden, schweren, anhaftenden Gedanken und zu Pessimismus.

Wichtig ist dabei auch das Gedanken-/Energiefeld des Umfeldes: Eine schwache Mitte/Milz kann oftmals nicht zwischen eigenen und fremden Gedanken bzw. Energien unterscheiden, „verleibt" sich diese ein und schadet damit der eigenen Entwicklung! Eine starke Mitte kann ganz klar differenzieren, was fremde und was eigene Gedanken/Energien sind, und die passenden Grenzen setzen.

Hierzu ein Beispiel:

Stellen Sie sich vor, Sie stehen morgens auf, fühlen sich ausgeschlafen, gut gelaunt und freuen sich auf den Tag. Dann kommen Sie ins Büro und begegnen Menschen, die eine gedrückte Stimmung haben. Und auf einmal fühlen Sie sich ebenfalls gedrückt und schwer. Sie haben sich die Gedanken und die Energien anderer Menschen einverleibt. Sie leiden mit.

Eine starke Mitte mit positivem Gedanken würde hier nicht mitleiden, sondern *mitfühlen*. Mitfühlen heißt, wahrnehmen und fühlen, wie es dem Gegenüber geht, aber dennoch ganz bei sich selbst und stabil bleiben, sich selbst dabei ganz klar fühlen. Und aus dieser Klarheit heraus können wir, gepaart mit Mitgefühl, füreinander da sein.

3. Nahrung in Form von Emotionen

Eine schwache Mitte ruft Emotionen und Verhaltensweisen wie *Sorgen, Grübeln, Anhaften, Eifersucht, Klammern, an etwas oder jemandem „kleben"* hervor.

Menschen mit einer schwachen Mitte verfügen über keine eigene Stabilität/Erdung, sondern sind abhängig von etwas oder jemandem! Dadurch sind sie leicht manipulierbar und führbar. Menschen mit einer schwachen Mitte lassen sich auch von ihren Emotionen leiten (die Mitte ist der Sitz der Emotionen!) und gehen so meist durch viele Hochs und Tiefs. E-Motion bringt uns, wie das Wort schon zeigt, aus unserer Mitte heraus – die Bewegung (Motion) heraus (E) aus unserer Stabilität/Erdung und aus unserer inneren Stille, also weg von uns selbst. Durch Sorgen und Grübeln gehen diese Menschen aus der Präsenz/dem Gewahrsein des *Jetzt*:

- Durch das Sich-Sorgen-Machen gehen sie in die Zukunft,
- durch das Grübeln in die Vergangenheit.

Sie missbrauchen dadurch ihre eigene Lebenskraft, weil sie nicht im *Jetzt* eingesetzt wird. Menschen mit einer schwachen Mitte *fühlen* also auch nicht im *Jetzt*. Dadurch ist der *Herzensweg*, die Erfüllung unserer ureigensten Bedürfnisse, nicht möglich!

Auch hier möchte ich es wieder anhand eines bildhaften Beispiels zeigen:

Ein Mensch mit einer schwachen Mitte hat eine Idee. Er/sie ist davon begeistert, voller Freude und Tatendrang. Er/sie erzählt seine/ihre Idee jemand zweitem. Und dieser Mensch hält absolut nichts von dieser Idee und sagt vielleicht: „Das kann man ja gar nicht in die Realität umsetzen." oder „Das ist aber nicht gescheit." oder „Was, so viel Arbeit willst du dir antun?" oder …

Was passiert in so einem Fall mit einem Menschen mit einer schwachen Mitte: Er/sie zieht sich zurück, von dem anderen und von seiner eigenen Idee. Die Idee wird als nicht durchführbar abgetan und die damit verbunden gewesene Freude und Energie verpufft und findet keine Umsetzung.

Ein Mensch mit einer starken Mitte würde hier anders agieren. Er/sie würde seine/ihre Idee niemals sofort fallen lassen! Er/sie würde den Einwand des Gegenübers zur Kenntnis nehmen, ihn als Input heranziehen, seine/ihre Idee nochmals überdenken, sich in sie hineinfühlen und gegebenenfalls sein/ihr Vorhaben durch die Erkenntnisse, die durch den Einwand entstanden sind, abwandeln.

Unser Körper, als Tempel unserer Seele, wirkt als Barometer
für unsere Gedanken und Gefühle:

Jin Shin Jyutsu
Die oberste Hautschicht steht im Jin Shin Jyutsu für die 1. Tiefe = Erde = Magen und Milz und bildet die Grenze für den manifesten Körper. Über die Berührung holen sich Menschen mit einer schwachen Mitte ihre Stabilität, ihre Sicherheit und Geborgenheit.

Viele Menschen benötigen, um sich zu fühlen, körperliche Berührung oder sogar körperlichen Schmerz. Zur richtigen „Ernährung" gehört somit auch die emotionale Zuwendung, z. B. in Form von Berührung, Gestreicheltwerden.

Wichtig in diesem Zusammenhang, um unsere Stabilität und unseren Platz hier auf Erden einnehmen zu können, sind Grenzen und Freiraum, die wir ebenfalls über die Hautoberfläche (als Grenze unseres Körpers) wahrnehmen. Nur in diesem Grenzen-Erspüren und Freiraum-Erleben entwickelt sich die Mitte, können wir unseren Platz hier auf der Welt finden, ihn einnehmen, im Vertrauen auf uns selbst das Leben leben, das unsere Seele sich vorgenommen hat, und „unseren Herzensweg gehen".

4. Nahrung in Form von Atmung
ATMEN – Schenken Sie Ihrem Atem einfach einmal ein paar Minuten Aufmerksamkeit. Können Sie den Atem fühlen, die Intensität des Ein- und Ausatmens, Ihren ganz eigenen Rhythmus?

Wie lang ist Ihr Einatmen und wie lang Ihr Ausatmen? Wie tief ist Ihr Atem? Heben und senken sich sowohl der Bauch/die Mitte als auch der Brustkorb oder gibt es irgendwo eine Enge? Ringen Sie nach ein paar Atemzügen förmlich nach Luft?

Atem ist reine Energie. Indem wir atmen, leben wir. Nur in dem Zusammenspiel von Ausatmen und Einatmen, von Loslassen und im Loslassen den Einatem empfangen entsteht Leben, sind wir lebendig. Es benötigt immer zwei Pole, um Stabilität erzeugen zu können. Nur indem wir voll und ganz ausatmen, kann uns neuer, frischer Atem und damit neue, frische Energie auffüllen.

Durch eine gute, tiefe Atmung füllen wir unsere Lungen auf. Aus Sicht der TCM versorgen wir aber gleichzeitig auch die Leber mit Sauerstoff. Und diesen benötigt die Leber, um wiederum die Lebensenergie Qi in unserem Körper zirkulieren zu lassen, in Bewegung zu halten. Ausreichend Sauerstoff in der Leber bedeutet auch, dass der Mensch über ausreichend Lebensenergie verfügt, sein Leben kreativ zu seiner Freude gestaltet, es genießt und glücklich ist!

Zwei gegensätzliche Pole erzeugen Stabilität

Unsere Mitte befindet sich ebenfalls zwischen zwei Polen: dem Himmel und der Erde. Betrachten wir
- den Himmel einmal, rein physisch gesehen, als unseren Kopf, den Verstand, das Denken, das Kronenchakra und
- die Erde als Wurzelchakra, die Ernte, das Umsetzen.

Das *Kronenchakra*, der Himmel, steht für Bewusstsein und Spiritualität. Das *Wurzelchakra*, die Erde, steht für elementare Belange wie Überleben, materielle Sicherheit, Gut-verwurzelt-sein. Nur indem beide Chakren im Fluss sind, also beide Pole ausreichend versorgt sind, kann die Mitte (Magen und Milz = *Solarplexuschakra*) in Balance sein. Sie können das als Stabilität fühlen!

Lebt ein Mensch nur über das Kronenchakra, also nur in der Spiritualität, dann fehlt ihm die Erdung. Er bringt das geistige Wissen nicht in das alltägliche Leben. Lebt ein Mensch nur über das Wurzelchakra, dann kämpft er oftmals ums Überleben und kann die Weisheit seiner Seele nicht aus dem Kronenchakra und der Verbindung nach oben, zu seinem Seelenstern abrufen. Nur in der Ebenbürtigkeit zwischen Himmel und Erde, Kronen- und Wurzelchakra entsteht eine starke Mitte, also Gleichgewicht und Stabilität.

5. Nahrung in Form von Beziehungen
Ich möchte Sie hier einladen, sich vier Gruppen von Beziehungen anzusehen:

Die Beziehung zu sich selbst:
Kennen Sie sich selbst wirklich gut? Können Sie sich mit all Ihren Stärken und v. a. mit Ihren Schwächen voll und ganz annehmen und lieben? Die Beziehung zu sich selbst ist die wichtigste, denn Sie haben sich selbst immer um sich. Je mehr Sie sich selbst schätzen und lieben, umso mehr nähren Sie sich selbst. Sie „brauchen" dann keine Beziehungen, sondern können sie aus einer Freiheit heraus eingehen und leben.

Die Beziehung zu Ihren Eltern und Ahnen:
Wie steht es um Ihre Beziehung zu Ihren Eltern? Oft höre ich Menschen sagen: „So wie meine Mutter/mein Vater möchte ich nie werden." Damit lehnen Sie einen Elternteil oder auch beide Eltern ab. Sie tragen jedoch beide

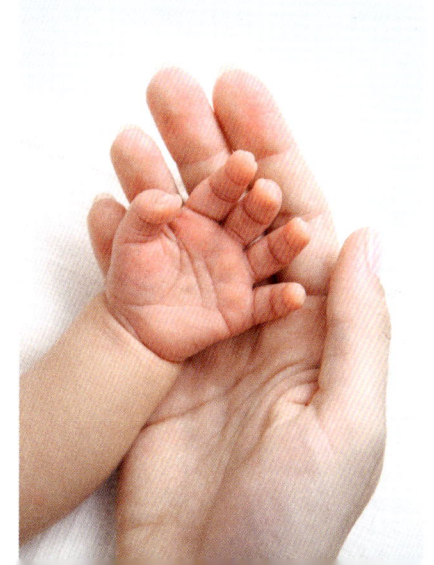

Eltern in sich. Mit der Ablehnung Ihrer Eltern lehnen Sie also auch Teile von sich selbst ab. Es gibt ein wunderbares Buch mit dem Titel „Ohne Wurzeln keine Flügel". Dieser Titel drückt es perfekt aus: Wir sollten unsere Eltern achten, wertschätzen und lieben, ohne mit allem einverstanden sein zu müssen, was sie gemacht haben. Wir müssen jedoch *ihren* Weg achten und respektieren, denn der Weg der Eltern ist aus deren Erfahrungen entstanden. Achtung, Wertschätzung und Respekt sind die Grundpfeiler für die Liebe. Und Liebe macht frei. Gleichzeitig nährt die Liebe, Achtung und Wertschätzung der Eltern auch Ihre eigenen Wurzeln, sodass Sie mit guten Wurzeln Ihren Stamm und Ihre Krone ausbilden können und *Ihr eigenes Leben in Liebe leben*!

Die Beziehung zu Ihrem Umfeld:

In welchem Umfeld halten Sie sich auf, sowohl privat als auch beruflich? Bewegen Sie sich in einem Umfeld, wo Sie morgens, noch bevor Sie ins Büro gehen, schon denken: Oje, was wird heute wieder auf mich zukommen? Oder wo Sie wissen, dass die Kollegen immer „kämpfen", also keine Verantwortung für ihren Bereich übernehmen wollen, immer Recht haben wollen oder immer gut dastehen wollen etc. – also alles Ego-Geschichten?

Wie fühlen Sie sich in diesem Umfeld? Energiegeladen? Offen und wohl? Oder ist das Gegenteil der Fall? Fühlen Sie sich ausgelaugt, gereizt, müde, antriebslos …? Je mehr Sie in sich die Liebe zu sich selbst tragen, wird sich das auch in Ihrem Umfeld zeigen. Die Beziehungen werden sich verändern, hin zum Positiven, Nährenden, Erfüllenden.

Jede Form von „Nahrung", die uns und unserem System Stress verursacht, benötigt Energie! Denn wir gehen in den sogenannten Kampf-Flucht-Mechanismus. Muskeln spannen sich an, damit wir uns entweder verteidigen oder flüchten können. Oder die Muskeln gehen in eine Starre. Egal, welche Form Sie leben:

Jede Spannung benötigt wertvolle Energie, um aufrechterhalten zu werden. Diese Energie könnten Sie sehr wohl für *sich* und *Ihren Weg* einsetzen – vorausgesetzt, sie wird freigesetzt, indem Sie ganz bei sich selbst, ganz stabil in Ihrer Mitte bleiben.

Die Beziehung zur Natur:

Halten Sie sich gern in der Natur auf? Können Sie die Schönheit und Weisheit der Natur sehen und fühlen?

Die Natur ist so reich! Bunte Blumen, der Gesang der Vögel, die den neuen Tag begrüßen und ihn abends verabschieden, die Kraft eines Wasserfalls, die Schönheit und Stärke der zerklüfteten Berge, ... alles ist „einfach" da, die vollkommene Fülle, ohne etwas von uns zu erwarten. Wir brauchen diese Fülle nur in uns aufnehmen, mit *Dankbarkeit* und *Wertschätzung*.

Es geht darum, immer wieder in die Mitte zu kommen, Yin und Yang auszugleichen, Regen und Sonne, Entspannung und Aktivität, weiblich und männlich, linke und rechte Gehirnhälfte, Verstand und Intuition – dies ließe sich beliebig fortsetzen. Jeder muss für sich selbst, nach dem eigenen Gefühl, den Mittelweg finden, der zu einem persönlich passt.

D. h. keine Extreme leben, also weder zu rechtshirnlastig (zu emotional), noch zu linkshirnlastig (Verstand und Logik), sondern ein *Miteinander* finden. Einmal benötigt es die Intuition, um eine Situation zu erfassen und der Verstand/die Logik ermöglicht ein Verstehen. Ein anderes Mal verstehen wir die Meinung eines Menschen und aus diesem Verstehen heraus können wir Mit-Fühlen und unser Herz öffnen.

Nur in der Stabilität zwischen den Polen entsteht eine starke goldene Mitte, die die Basis bildet, damit Ihr Herz sich öffnen kann. Und ein offenes Herz ermöglicht wiederum ein noch intensiveres, gefühlvolleres *Miteinander* – für sich selbst *und* für alles, was ist.

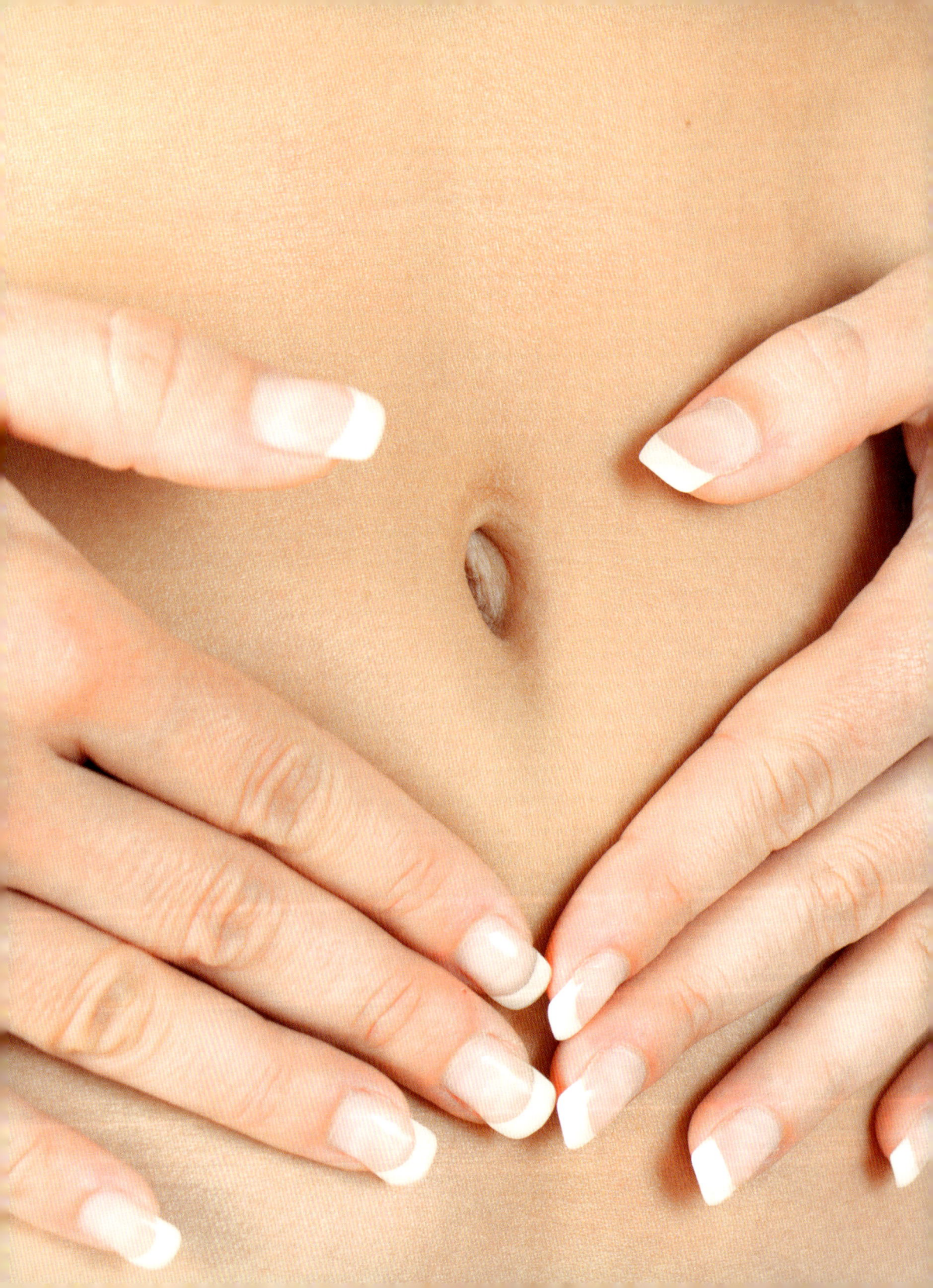

WIE EINE SCHWACHE MITTE ENTSTEHT

Meist sind es mehrere Faktoren, die gemeinsam wirken.

KÖRPERLICHE FAKTOREN:

- Brutkasten, Frühgeburt
- keine Muttermilch/nicht gestillt worden
- Kaiserschnitt und/oder kein sofortiger Kontakt zur Mutter
- Krankenhausaufenthalt der Mutter, entweder gleich nach der Geburt oder während der ersten Jahre
- Trennung von Mutter/Vater/Eltern durch Scheidung
- Umzug/Ortswechsel: weg vom gewohnten Umfeld, z. B. als Kind von Oma und Opa, den Freunden ...
- Verletzungen, z. B. durch Kündigung (reißt den Boden unter den Füßen weg), Trennungswunsch des Partners ...
- Krankheit, körperliche Verletzung

ERNÄHRUNGSBEDINGTE URSACHEN:

- zu wenig Essen, Hungersnot, zu viel und zu langes Fasten
- zu viel Essen – die Mitte kann zu viel Essen auf einmal nicht verdauen, es kommt dadurch zur Nahrungsmittel-Stagnation
- durch zu viel Rohkost, Milchprodukte, Weißmehl und Produkten daraus
- durch Süßes im Übermaß

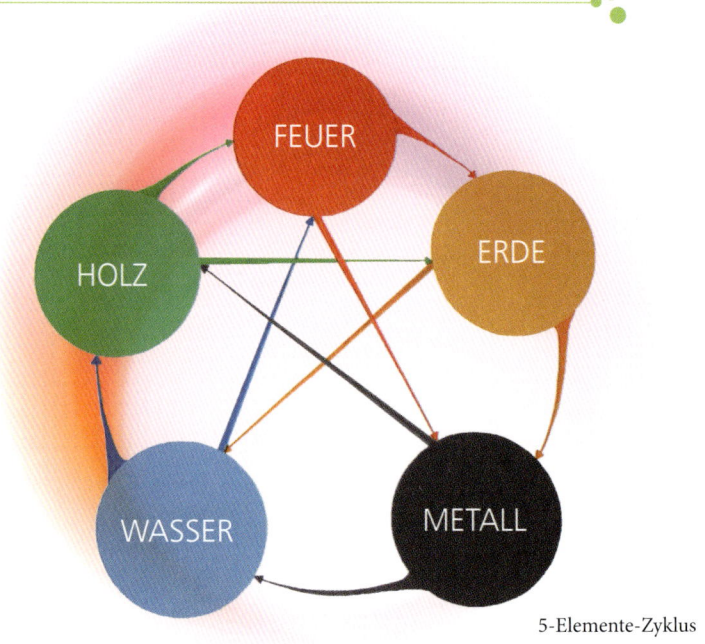

5-Elemente-Zyklus

Element Holz

Die Wut des Elements Holz greift die Erde an:
Wut/Zorn ist eine sehr intensive Energie. Richtiger Zorn ist nur ganz kurz und intensiv spürbar. Danach geht die Wut, die kein Erkennen, Annehmen und Wandeln erfahren hat, in Groll über. Und bei Groll wird nicht mehr gesprochen, sondern innerlich über den anderen Menschen oder sich selbst geschimpft.

Ein Beispiel:
Sie sitzen im Büro und arbeiten voll konzentriert an Ihrem Projekt, das Ihnen große Freude bereitet und in dem Ihr gesamtes Herzblut steckt. Da werden Sie zu Ihrem Chef gerufen, der Ihnen verkündet, dass sich die Aufgabenver-

34   Kochen für die Mitte

teilung im Unternehmen verändert hat und ab nun ein anderer Mitarbeiter an diesem Projekt weiterarbeitet. Sie selbst bekommen einen Job zugewiesen, der Sie nicht annähernd so fasziniert und erfüllt wie das vorherige Projekt. Was geschieht in Ihnen? Es gibt mehrere Möglichkeiten, jedoch haben alle eine Grundemotion: *Zorn/Wut*.

A Sie können sich erlauben, Ihre Wut zu fühlen und sie als Kraft zunutzen, um Ihrem Chef Ihren Standpunkt darzulegen, ihm zu sagen, wie sehr Sie diesen Job lieben und wie viel er Ihnen bedeutet. Jedem Chef sollte es ein Anliegen sein, motivierte Mitarbeiter in den jeweiligen Positionen zu beschäftigen, da dies wiederum seinem Unternehmen zugutekommt. Auf alle Fälle wandeln Sie dabei Ihren Zorn in die Kraft um, für sich zu „kämpfen" und für sich selbst einzustehen.

B Sie erlauben sich nicht, Ihren Zorn/Wut zu fühlen, und verdrängen ihn/ sie stattdessen. Sie unterdrücken die Wut, machen ein freundliches Gesicht und sagen Ja zu der Botschaft Ihres Chefs. Jede Emotion braucht jedoch ein Ventil, so auch die Wut. Kann sie nicht als Kraft für sich selbst eingesetzt werden, weil sie unterdrückt und negiert wird (wir Menschen tragen oft noch das Bild in uns, dass Wut eine schlechte Energie ist), dann richtet sich die Wut gegen uns selbst. Zu spüren bekommen Sie diese Emotion z. B. in Form von Muskelverspannungen, einhergehend mit Schmerzen, in Form von Entzündungen im Körper (meist an jenen Stellen, die sowieso Ihre Schwachstellen sind) oder in Form von Traurigkeit, Frust, Depression (niedergedrückt!).

Anselm Grün findet hier wunderbare Worte für die Intention der Wut: *Wut ist die Kraft, etwas oder jemand, der Macht über dich hat, aus dir hinauszuwerfen.*
    Dies drückt für mich genau das aus, wofür uns die Kraft der Wut zur Verfügung gestellt wird, denn unser Körper und unsere Seele meinen es ja immer

gut mit uns: den Mut zu haben, für sich selbst einzustehen. Nehmen Sie die Wut an, erlauben Sie sich, sie zu fühlen, ohne sie gleich ausleben zu müssen. Dann geht damit automatisch Klarheit einher. Sie können auf einmal erkennen, warum die Wut da ist, wo Sie noch jemandem oder etwas Macht über sich selbst geben und selbst in der Ohn-macht bleiben (z. B. aus Angst, den Job zu verlieren ...).

Und genau aus dieser Ohnmacht möchte Sie die Wut herausholen, als guter Freund – wenn Sie es ihr erlauben! Dann findet die Transformation der Wut in eine positive Kraft (Mut) statt, und Sie können die daraus freigesetzte Energie des Mutes *für sich selbst einsetzen, zu Ihrem höchsten Wohle!*

Element Wasser

Die Angst von Element Wasser entzieht uns den Boden/die Erde:

Zum Element Wasser mit seinen Meridianen Niere und Blase gehören in der TCM die Emotionen *Angst, Kontrolle* und *Mangeldenken,* wenn sich das Element Wasser im Ungleichgewicht befindet. Aber auch der Gegenpol, wie gänzliches Urvertrauen,

Körperliche Symptome der Angst:
Körperlich kann sich Angst z. B. in Form von Bandscheibenvorfällen, instabiler Wirbelsäule, Blasen- und Nieren-beschwerden u.v.m. zeigen.

Sicherheit, sich dem Fluss des Lebens hingeben und anvertrauen, gehört zum Element Wasser, wenn es sich in Balance befindet.

Verfolgen wir das Beispiel von vorhin weiter:

Angenommen, Ihr Element Wasser befindet sich im Ungleichgewicht und Sie haben große Angst, Ihren Job zu verlieren, wenn Sie dem Chef Ihren Standpunkt darlegen.

Wasser gibt im Meridiankreislauf seine Energie an das Element Holz mit seinen Meridianen Leber und Gallenblase weiter. Fehlt das Vertrauen in den Fluss des Lebens, wird auch keine Energie von Wasser an Holz weitergegeben. Damit fehlt der Mut, zu sich selbst zu stehen. Gleichzeitig belastet die Angst, den Job zu verlieren, das Element Erde. Es ist eine Existenzangst, die Angst, es könnte Ihnen Ihre Sicherheit, Ihren Boden unter den Füßen wegreißen. Denn Sie brauchen diesen Job und das damit verbundene Geld, das Ihnen die vermeintliche Sicherheit schenkt. In diesem Fall machen Sie Ihre Sicherheit von etwas im Außen abhängig, vom Job, vom Geld.

Wiederum gibt es mehrere Möglichkeiten, mit der Herausforderung umzugehen:

A Sie vergessen dabei ganz auf Ihre innere Sicherheit, die Ihnen eine starke Mitte vermitteln würde. Der Sicherheit und dem Vertrauen, dass alles gut geht. Gleiches zieht Gleiches an. Mit Ihren Gedanken erschaffen Sie Ihre Realität. Mit Angst ziehen Sie sich also genau jenes Szenario in Ihr Leben, das Sie mit der Angst tunlichst vermeiden wollen.

B Der Lösungsschritt wäre, sich selbst so zu vertrauen und sich in sich selbst so geborgen und sicher fühlen zu können, dass Sie aus Liebe zu sich selbst FÜR SICH HANDELN und Ihre Wahrheit aussprechen, im Vertrauen auf den für Sie und alle Beteiligten bestmöglichen Ausgang der Situation. Ausgeglichene und balancierte Elemente unterstützen Sie dabei mit ihrer Energie!

Element Metall

Die übergroße Trauer und/oder der Perfektionismus und/oder der Verstand von Element Metall zieht/en Energie von der Erde ab:

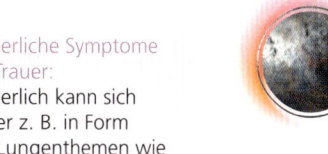

Körperliche Symptome der Trauer:
Körperlich kann sich Trauer z. B. in Form von Lungenthemen wie Bronchitis, Lungen-entzündungen, Asthma, Hautreizungen (Ekzeme, ...) u.v.m. zeigen.

Spinnen wir dieses Beispiel weiter:

Angenommen, es fehlte Ihnen der Mut, zu sich zu stehen und Ihren Standpunkt darzulegen. Sie konnten nicht bei sich selbst bleiben, sondern sind aus Ihrer Mitte gefallen. Sie fühlen sich ungeliebt, unverstanden, unsicher, frustriert und traurig. Traurig deshalb, weil Sie nicht auf Ihre Seele gehört haben!

Auch hier gibt es wiederum mehrere Wege:

A Sie erlauben sich nicht, diese Trauer wirklich zu fühlen, sondern gehen stattdessen in den Frust, beschimpfen sich selbst und ihren Arbeitgeber, weil er Sie schlecht behandelt (dabei behandeln Sie sich selbst schlecht! Der Arbeitgeber ermöglicht Ihnen in diesem Fall nämlich einen Lernschritt – den Schritt, zu sich selbst zu stehen und damit gut geerdet und stabil zu bleiben!). Aus lauter Frust stopfen Sie Essen in sich hinein, bevorzugt Süßes (der süße Geschmack gehört zum Element Erde). Das Süße sollte Ihr Element Erde stärken und nähren, es stabilisieren, den Frust auflösen, die Sorgen nehmen, die unterdrückte Trauer aufheben. Süß ist jedoch nicht gleich süß! Der süße Geschmack, den die meisten Menschen in diesem Fall bevorzugen, ist Süßes in Form von Süßigkeiten, also weißer Zucker. Dieser enthält aus Sicht der TCM jedoch kein Qi, also keine Energie, um Ihre Mitte zu nähren und zu stabilisieren. Ganz im Gegenteil. Weißer Zucker schwächt Ihre Mitte einmal mehr, weil er Sie verschleimt und dadurch zu noch weniger Klarheit führt. Diese Verschleimung könnten Sie körperlich z. B. in Form von Schnupfen, Bronchitis, Lungenentzündung, aber auch Verstopfung und/oder Durchfall spüren. Süßes, das Sie in diesem Fall nähren und stärken würde, wären z. B. alle Wurzelgemüse, Getreide, Reis, Rindfleisch, Truthahnfleisch, alle neutralen und wärmenden Lebensmittel aus dem Element Erde.

B Sie erlauben sich, die Trauer zu fühlen: Indem Sie sich zugestehen, traurig darüber zu sein, dass Sie nicht Ihrer Seele, Ihren Impulsen gefolgt sind, sondern sich der Macht Ihres Chefs überlassen haben, integrieren Sie diese Erfahrung als Lernerfahrung. Und diese gemachte und integrierte Lernerfahrung wiederum kann Sie beim nächsten Mal unterstützen, es anders zu tun oder sogar noch ein nachträgliches Gespräch mit dem Chef zu suchen. Dadurch kommen Sie wieder in Kontakt mit Ihrer Mitte, Ihrer Stabilität, Ihrer Klarheit und können mit der positiven Kraft des Elementes Metall (klarer Verstand) bei Ihrem Chef glasklar argumentieren und so wiederum die Angelegenheit zum höchsten Wohle aller Beteiligten wenden!

Element Feuer

Das schwache Feuer kann keine Kraft/Energie an die Erde weitergeben:
Bleiben wir noch einmal bei unserem Beispiel und vervollständigen es nun mit dem Element Feuer: Angenommen, Sie haben sich nicht erlaubt, die Trauer zu fühlen, sondern sind stattdessen im Frust und in der Trauer stecken geblieben. Was passiert dann mit der Freude?

Trauer schwächt die Freude und die Liebe, die beide zum Element Feuer gehören, wenn dieses Element in der Balance ist! Oftmals gehen die Menschen dann wieder nach außen, um sich mit materiellen Dingen Freude zu bereiten wie z. B. mit dem Kauf eines schönen Kleidungsstückes usw. Jedoch, wie lange hält diese Freude an? Entspringt diese Freude wirklich der Selbstliebe? Vertuscht sie nicht vielmehr die darunterliegende Traurigkeit, die gehört und gefühlt werden möchte, um Sie in die Liebe zu sich selbst zu bringen?

Körperliche Symptome nicht gelebter Freude:
Körperlich kann sich nicht gelebte Freude z. B. in Form von Herzensthemen wie leichtes, auch nächtliches Schwitzen, Hitzewallungen, Herzrasen, Herzrhythmusstörungen, u.v.m. zeigen.

Ein so geschwächtes Element Feuer kann keine Lebenskraft, keine Liebe und auch keine Freude an das Element Erde weiterschenken. Körperlich könnten Sie die fehlende Freude und Liebe z. B. in Form von Müdigkeit, Apathie und Antriebslosigkeit fühlen. Erst die Freude und die Liebe zu sich selbst, die dem Element Feuer entspringt, schenkt dem Menschen die Stabilität, die Geborgenheit, die Erde in sich selbst! Der Weg heraus ist wiederum zu fühlen, was Ihr Herz Ihnen sagt. Dazu müssen Sie Ihr Herz öffnen!

Weitere Ursachen aus 5-Elemente-Sicht:

- durch Geben von zu viel selbstloser Liebe (Element Feuer)
- durch Auf-sich-selbst-Vergessen, Sich-selbst-Verausgaben/ Sich-nicht-Nähren kann das Feuer keine Energie mehr an die Erde weiterschenken
- Stress und Hetze schwächen das Element Feuer, sodass es zu wenig Energie an das Element Erde weitergeben kann
- zu viel Süßes in Form von weißem Zucker, Weißmehlprodukten, Rohkost …

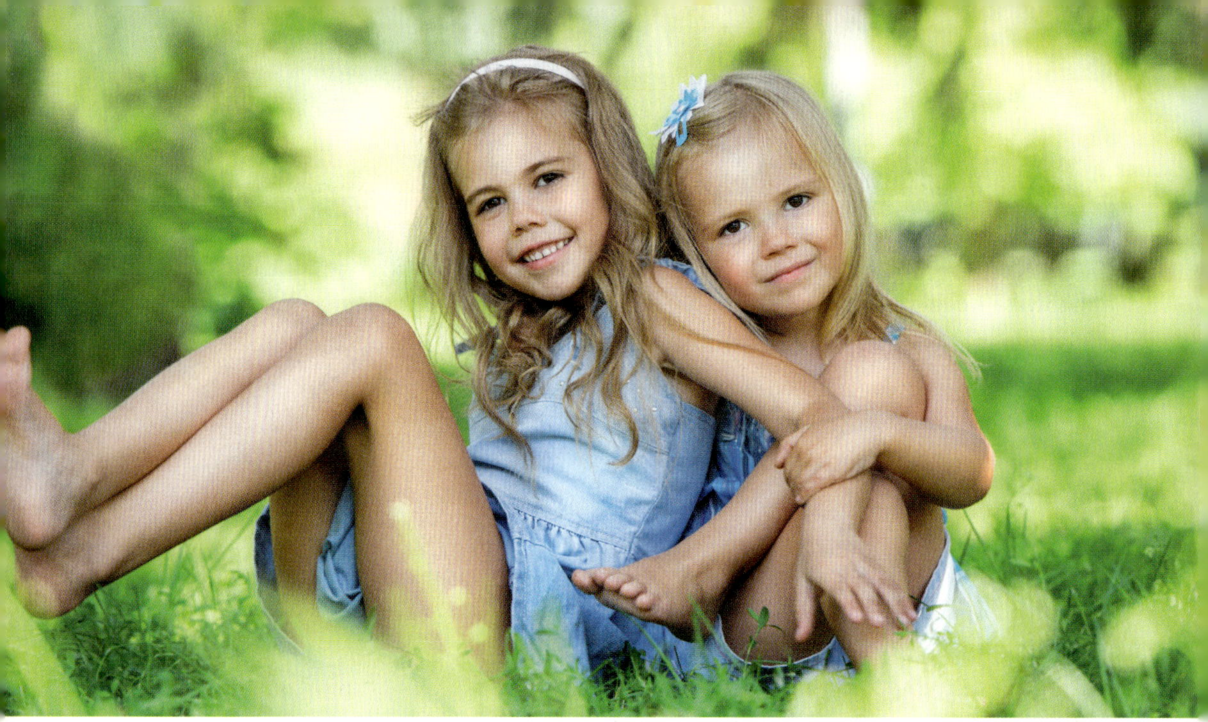

AUS DER FAMILIENGESCHICHTE HERAUS ENTSTEHEND:

- generationsbedingte bzw. übernommene Schwäche: Kinder leben die Schwäche/das Ungelöste der Eltern/Ahnen weiter (Schwäche bedingt z. B. durch Krieg, Hungersnot, ...)
- Flüchtlinge/Vertriebene: der Heimatboden musste verlassen werden (der Boden wurde unter den Füßen weggerissen) und Angst nimmt ihnen die Stabilität und das Vertrauen
- verweigerte Vaterschaft, wie in früheren Zeiten oftmals auf Bauernhöfen geschehen: Die Magd mit dem unehelichen Kind des Bauern wurde verstoßen und somit der Heimat beraubt. Sie bekam den Platz in der Familie, der ihr zustehen würde, nicht zuerkannt. Das Thema der verweigerten Vaterschaft existiert jedoch auch in unserer Zeit, nämlich einerseits dann, wenn Väter ihre Kinder nicht anerkennen, sich der Verantwortung entziehen und aus dem Familienverband (Mutter – Vater – Kind) ausscheiden. Oder anderer-

seits, wenn Mütter den Partnern den Platz als Vater nicht zuerkennen, ihm die Verantwortung nicht zutrauen und sich vom Partner trennen.

- Eltern waren selbst nicht in ihrer Kraft. Sie konnten ihrem Kind „nur" das Leben schenken, aber mehr zu geben war ihnen nicht möglich. Dadurch können sie dem Kind aber auch keinen Rückhalt, keine Sicherheit und Geborgenheit vermitteln.

SPIRITUELL-ENERGETISCHE URSACHEN:

- karmische Ursachen: In einer früheren Inkarnation wurde durch eine Handlung eine Ursache gesetzt, die damals nicht gelöst und so in dieses Leben mitgenommen wurde, um jetzt bearbeitet zu werden. Der Betroffene muss die Ursachen finden, sodass sich die Wirkung (schwache Mitte) lösen kann. Eine solche Ursache kann z. B. eine Hungersnot, ausgelöst durch einen machthungrigen, geldgierigen Herrscher, der seinen Untertanen durch zu viel Tribut die Grundlage zum Leben raubt, sein.
- Die Seele möchte die folgenden Erfahrung (Lernschritt) machen, um sich zu vervollkommen: keine Stabilität und keine Geborgenheit fühlen, sich dominieren lassen ... um das Gefühl der Dominanz zu erfahren/zu erleben = Opfer zu sein
- niedriger Selbstwert, kein Vertrauen zu sich selbst bedingt durch die Erziehung („Du bist nicht gut genug")
- Aufwachsen in autoritärem bzw. Machtumfeld: Diese Menschen/Seelen dürfen lernen, in ihre eigene Macht/Kraft (Solarplexus) zu gehen. Diese müssen sie nicht mehr durch Manipulation ausleben, wie sie es an sich selbst schmerzhaft erfahren haben, sondern können sie über die Kraft des Herzens leben und dadurch den Herzens-/Seelenweg gehen.

Solarplexus-Chakra

DIE SCHWACHE MITTE
AUS SPIRITUELL-ENERGETISCHER SICHT

SOLARPLEXUS-CHAKRA

Zur Mitte gehört das Solarplexus-Chakra. Dieses Chakra entspricht der eigenen Sonne, der eigenen Kraft, dem eigenen Willen, dem Sitz der Emotionen, der uns innewohnenden Weisheit, unserem Schatz.

Ist die Mitte schwach, so ist auch dieses Chakra schwach. Entweder haben Menschen mit schwacher Mitte dieses Chakra zu weit ausgedehnt oder zu sehr zusammengezogen. Beides schwächt den Menschen. Wenn die Grenzen zu weit sind, wird alles aufgenommen. Sind sie zu eng, kann er sich selbst nicht leben, nicht ganz durchatmen (Zwerchfell) und ist so nicht in seiner Kraft.

Wichtig:
Einen zu engen oder zu weiten Solarplexus können Sie wie folgt verändern: Konzentrieren Sie sich auf Ihren Solarplexus und fühlen Sie ihn. Ist er zu weit und nimmt alles auf, dann bringen Sie ihn durch Konzentration und Absicht auf genau die Größe, die Ihnen im Moment passend erscheint. Ist er Ihnen zu eng, bringen Sie ihn durch Konzentration und die Absicht, ihn zu vergrößern, genau auf jene Größe, die Ihnen gut tut. Dadurch kommen auch die Emotionen in die Balance und der Mensch ins Gleichgewicht.

Menschen mit einem schwachen/blockierten Solarplexus-Chakra fehlt die Freude am Sein/am Leben. Es fehlt die Leichtigkeit, das Licht. Das Solarplexus-Chakra ist der Sitz der Emotionen, des eigenen Willens, der eigenen Kraft. Ist die Mitte schwach, verfügen diese Menschen über keinen oder nur einen schwachen eigenen Willen und sind leicht manipulierbar. Sie können leicht aus dem Gleichgewicht gebracht werden, trauen sich nicht, ihre Bedürfnisse zu leben, eine eigene Meinung zu haben und zu vertreten und die Verantwortung für sich zu übernehmen. Und sie vertrauen nicht ihren eigenen Gefühlen, dem, was sie in sich wahrnehmen (der eigenen inneren Stimme, also dem Bauchgefühl). Menschen mit einer schwachen Mitte hätten gern, dass jemand sie an der Hand nimmt und führt. Dabei geht es darum, sich selbst an der Hand zu nehmen, den Kontakt zur eigenen inneren Führung, zum Herzen, zu haben!

MERIDIAN-KREISLAUF

Im Meridian-Kreislauf schenkt das Element Erde, die Milz, seine Energie an das Element Feuer, an das Herz, weiter. Ist die Mitte schwach, so kann sie keine oder nur wenig Energie an das Feuer weiterfließen lassen. Aus spirituell-energetischer Sicht bedeutet das, dass Menschen mit einer schwachen Mitte auch schwerer ihr Herz öffnen können. Ihnen fehlt die Stabilität, die Verwurzelung dazu. Sie haben Angst, verletzt zu werden. Und es fehlen ihnen durch die schwache Mitte auch Kraft und Stabilität, sich den durch die Herzöffnung spürbar werdenden Gefühlen wie Trauer, Schmerz, Verletzungen usw. zu stellen, sie zu *fühlen* = Magen und Milz (steht für das Fühlen aus dem Innen heraus)! Dadurch gelangen diese Menschen jedoch auch nicht in die Herzens-Weisheit SHEN!

Lichtgitternetze, wie sie z. B. Drunvalo Melchizedek beschreibt, sind die Meridiane der Erde. Das heißt, auch Mutter Erde verfügt über die einzelnen Elemente und Chakren. Indem wir IN UNS, jeder Einzelne, die Elemente im Gleichgewicht halten oder ins Gleichgewicht bringen, ermöglichen wir dadurch auch Mutter Erde, in den Elementen Holz, Feuer, Erde, Metall und Wasser ins Gleichgewicht zu kommen und zu bleiben. Alles ist miteinander verbunden und verwoben und jeder Gedanke, jedes Gefühl, jede Handlung hat unmittelbare Auswirkungen auf alles. (Mehr Information zur Verbindung zwischen dem Energiefluss in den Meridianen in uns und dem Energiefluss in der Natur können Sie in meinem ersten Buch „Kochen für die Seele" nachlesen oder in einem meiner Vorträge oder Seminare erfahren.)

SO ZEIGT UNS MUTTER ERDE
DIE UNGLEICHGEWICHTE
IN IHREN ELEMENTEN

Element HOLZ:	Baumsterben durch Umweltverschmutzung, Befall von Schädlingen
Element FEUER:	Vulkanausbrüche, Hitze und Trockenheit/Dürre, Feuersbrünste
Element ERDE:	Bodenerosion durch einseitige Bewirtschaftung, Schlägerung, Auslaugen des Bodens
Element METALL:	rücksichtslose Ausbeutung der Bodenschätze von Mutter Erde und dadurch Sinken der Ressourcen für zukünftige Generationen
Element WASSER:	Überschwemmungen, Verunreinigung der Meere

Wir leben in einer Zeit der Wandlung von einer verstandesgelenkten hin zu einer herzgelenkten Gesellschaft. Jeder Mensch braucht Stabilität, Vertrauen und Klarheit, aus der heraus er die Sicherheit *aus sich selbst* bezieht, sodass er sein Herz für sich öffnen und sich *fühlen* kann. Denn nur so „weiß" der Mensch, was sein Seelenweg ist, wo seine Freude ist. Ohne diese Stabilität, das Fühlen und das Herzöffnen bleiben wir verstandesgelenkte Menschen und schaffen den Aufstieg in die herzzentrierte Gesellschaft, sprich in das Goldene Zeitalter, nicht!

SENSITIVITÄT

In diesem Zusammenhang möchte ich noch auf die sensitiven Menschen eingehen. Gerade die „Kinder der Neuen Zeit" – „Lichtkinder" weisen uns hier den Weg. Es ist wichtig, genau diesen Kindern die Stabilität, die Geborgenheit, ihr „anders *Sein*" zu ermöglichen, damit sie ihre Fähigkeiten einsetzen und der Wandel mit ihrer Hilfe stattfinden kann! Gerade als HSP (Highsensitive Person) und/oder sensitiver Mensch nehmen wir unsere Umgebung viel intensiver wahr. Ich fühle die Menschen/Tiere/Lebewesen in meiner Umgebung.

Das System eines HSP und/oder sensitiven Menschen kann jedoch sehr schnell überreizt sein, wenn zu viele Wahrnehmungen auf einmal eindringen. Deshalb ist es gerade für diese Menschen enorm wichtig, in ihrer Mitte und in ihrem Gleichgewicht zu bleiben, ganz bei sich selbst, sowohl energetisch als auch körperlich. Zusammengefasst kann man sagen: *Die starke Mitte ist das Tor zum Herzen und zu den höheren Chakren!*

DIE BALANCIERUNG, BETRACHTET AUF MEHREREN EBENEN

Alle Balancierungen haben folgende innere Grundhaltung gemeinsam:

Wir wenden uns allem und jedem in Freundschaft und Liebe zu, mit Freundlichkeit, mit liebevoller Achtsamkeit, und sehen in allem das Göttliche und das Beste. Durch Freundschaft und Liebe mit allem und jedem erfahren wir Nähe und liebevolle Zuwendung, die so wichtig ist für die Entfaltung einer starken Mitte.

Die unten angeführten Möglichkeiten der Balancierung können von Ihnen selbst durchgeführt werden. Je tiefer die Liebe zu Ihnen selbst ist, umso mehr Wirkung werden Sie dabei erzielen. Denn nur die Liebe vermag die Selbstheilungskräfte in den Zellen zu aktivieren.

Miteinander geht es leichter ...

So wie es schneller und einfacher geht, wenn Sie z. B. gemeinsam Ihr Haus putzen, gemeinsam einen Baum fällen, gemeinsam ein Feld bestellen, gemeinsam ernten ... usw., so potenziert sich auch die Kraft der Liebe, wenn mindestens zwei Menschen in ihrem Sinne etwas tun:

Sollte die *Selbstliebe*, zumindest in gewissen Bereichen, noch gar nicht oder zu wenig vorhanden sein, empfehle ich Ihnen, einen Menschen (HeilerIn) aufzusuchen, der/die über eine hohe Liebesenergie verfügt, sprich, die bedingungslose Liebe lebt und den Hilfesuchenden mit allem voll und ganz annehmen kann – ohne Be- oder Verurteilung (die Liebe sollte auf alle Fälle höher sein als Ihre eigene!). Denn nur, wenn ein Mensch (HeilerIn) über eine hohe Liebesenergie verfügt und gleichzeitig die göttliche Liebe als Kanal durch sich hindurchfließen lassen kann, kann der Heiler/die Heilerin Ihren eigenen Mangel an Liebesenergie auffüllen und so Ihre Selbstheilungskräfte aktivieren.

BALANCIERUNG – KÖRPERLICH, EMOTIONAL, MENTAL UND SEELISCH

Die Balance durch Jin Shin Jyutsu

Jin Shin Jyutsu heißt wörtlich übersetzt: „Die Kunst des Schöpfers, ausgeübt durch den wissenden, mitfühlenden Menschen", d. h. Sie selbst oder der Mensch (HeilerIn) wendet sich Ihnen mit seiner ganzen Liebe, Achtsamkeit und Wertschätzung zu und lässt Heilungsenergie durch sich und seine/ihre Hände fließen, um so Ihre Energie und Ihre Selbstheilungskräfte zu aktivieren. Die wichtigsten „Werkzeuge" dabei sind Ihr eigener Atem und Ihre eigenen Hände (oder die Hände des/der HeilersIn).

Jin Shin Jyutsu (kurz JShJ) weist viele Ähnlichkeiten mit der Traditionellen Chinesischen Medizin (kurz TCM) auf. Die Unterschiede bestehen darin, dass
- im JShJ die Schöpfungsgeschichte integriert ist: Der Mensch entsteht aus dem göttlichen Funken, der 9. Tiefe.
- es statt der Meridiane Ströme gibt, in denen Ihre Lebensenergie Qi fließt.
- wir in der TCM Akupunkturpunkte kennen, die sehr punktuell genadelt oder gedrückt werden müssen, um die Energie anzukurbeln oder her-

Meridianenergie
In der TCM kann die Energie in den Meridianen zu schnell oder zu langsam fließen oder blockiert sein. Im JShJ verlassen hingegen die Ströme ihr ursprüngliches „Flussbett" und fließen sozusagen einen Umweg. Durch Jin Shin Jyutsu werden die Ströme an ihr ursprüngliches Flussbett erinnert und können wieder dorthin zurück „nachhause" kehren und in ihrer vollkommenen Kraft ihren Dienst vollbringen.

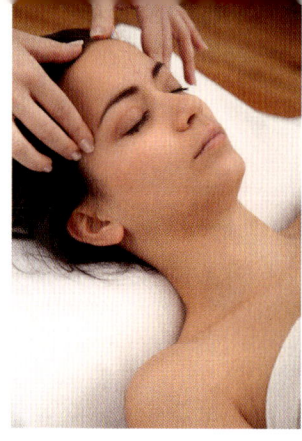

Energietore im JShJ

Energietore haben einen Durchmesser von ca. 10 cm und liegen an Stellen, wo sich sehr viele Nervenbahnen und/oder Adern und/oder Akupunkturpunkte befinden. Im Unterschied zur TCM werden die Energietore nur leicht berührt und so lange gehalten, bis der Puls des Menschen darunter spürbar ist. Jedes Energietor hat eine bestimmte Botschaft für den Menschen und jeder Strom ist eine Kombination aus verschiedenen Energietoren.

auszunehmen (vereinfacht ausgedrückt). Im JShJ kennen wir Energietore oder Sicherheits-Energieschlösser, insgesamt 26 auf jeder Körperseite.

Halten Sie also, wenn Sie selbst strömen, die Stellen so lange, bis Sie entweder einen guten, gleichmäßigen Puls fühlen oder bis die Stellen warm sind oder einfach, solange Sie sich mit dem Halten wohlfühlen. Beobachten Sie Ihren Atem. Wie lange ist Ihr Ausatmen und wie lange ist Ihr Einatmen? Bewegen sich beim Atmen sowohl Ihre Mitte als auch Ihr Brustkorb oder empfinden Sie in irgendeinem Teil eine Einschränkung, also eine Enge, sodass Ein- und Ausatem nicht vollständig und frei fließen können? Nehmen Sie es einfach wahr, ohne sich zu bewerten oder zu verurteilen. Fühlen Sie sich einfach selbst und akzeptieren und lieben Sie sich dafür, wie Sie jetzt im Moment sind. Diese Liebe und Akzeptanz leitet die Veränderung ein.

Der *Ausatem* steht im Jin Shin Jyutsu für das Loslassen, das Abgeben, das Reinigen und Entgiften. Er wandert an der Vorderseite des Körpers hinunter. Der *Einatem*, den wir nach dem Ausatmen von ganz allein empfangen dürfen (wenn Sie sich einmal ganz achtsam beobachten, so entsteht nach einem tiefen Ausatem eine kleine „Atempause", nach der der Einatem automatisch erfolgt – ein wunderbares Gefühl), füllt den durch den Ausatem entstandenen freien

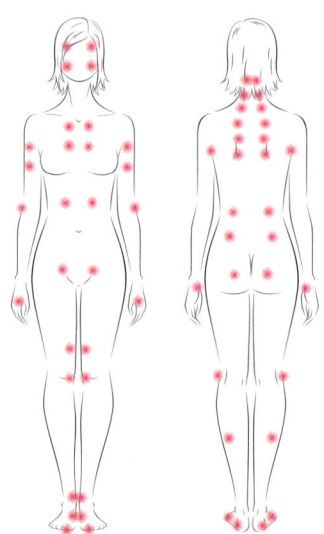

26 Energietore im Jin Shin Jyutsu

Raum mit Kraft, Lebensfreude, Energie, Ruhe, Licht, Liebe ... und wandert an der Rückseite des Körpers hinauf. So entsteht ein natürlicher Atemkreislauf.

Übung: Die große Umarmung und der große Atem

Im Jin Shin Jyutsu kennen wir eine Übung, die sich „Die große Umarmung und der große Atem" nennt. Legen Sie dazu Ihre Hände in Ihre Achselhöhlen und atmen Sie, wie oben beschrieben, 4 x 9 tiefe Atemzüge = 36 Atemzüge. Die Vier steht für Manifestation, die Neun für das Beenden eines Zyklus und den Beginn eines neuen Zyklus. Mit dieser Übung können Sie Ihr gesamtes Wesen täglich harmonisieren. Gleichzeitig üben Sie, tief zu atmen, und gelangen so in ein intensiveres Fühlen von sich selbst. Ihr Bewusstsein entfaltet und weitet sich damit.

Übung: Mudra zur Harmonisierung des Atems

Eine weitere Übung, um den Atem zu harmonisieren und zu vertiefen, bildet folgendes Mudra aus Jin Shin Jyutsu:

Berühren Sie mit dem Nagel Ihres Ringfingers den Ballen Ihres Daumens. Die übrigen Finger bleiben gestreckt (diese Streckung der übrigen Finger ist wichtig, da Sie damit ein anderes Energiefeld erzeugen, eine stärkere Schwingung). Halten Sie dieses Mudra zu Beginn maximal 3 Minuten und steigern Sie sich in Ihrem Tempo, bis Sie bei 20 Minuten angekommen sind. Atmen Sie während des Mudra-Haltens wie oben beschrieben.

Dieses Mudra hilft, die Atmungsfunktion zu stärken. Es gelangt mehr Sauerstoff in Ihren Körper und in alle Ihre Zellen – und damit auch mehr Licht. Sie können dieses Mudra auch beim Wandern, Joggen oder bei anderen sportlichen Übungen anwenden, aber auch in großen Höhen und bei Flügen.

Bei allen folgenden Strömübungen bitte ich Sie, Ihre Hände sanft und liebevoll auf die jeweiligen Stellen zu legen und zu atmen, wie oben beschrieben:

Übung: Daumen strömen

Im Jin Shin Jyutsu steht jeder Finger für eine bestimmte Emotion bzw. Einstellung. Und jeder Finger repräsentiert ein Element.

So steht der Daumen für das Element Erde und die folgenden Emotionen:

- *im Ungleichgewicht:* Sich-Sorgen-Machen, Grübeln, Unsicherheit, fehlende Geborgenheit, fehlende Stabilität ...
- *im Gleichgewicht:* voller Vertrauen in die Zukunft blicken, sich sicher fühlen, seinen Platz im Leben gefunden und eingenommen haben (sowohl privat als auch beruflich), stabil und im Gleichgewicht zu sein, in der eigenen Mitte ruhen ...

Der Daumen im JShJ
Der Daumen harmonisiert Einstellungen, also fixierte Gedanken und Emotionen wie Sorgen, Grübeln, Pessimismus, etc. Wenn wir uns unserem Daumen liebevoll zuwenden, harmonisieren wir die 1. Tiefe, Magen und Milz. Das Strömen des Daumens aktiviert das Gefühl von Geborgenheit und Sicherheit, lässt uns hier auf der Erde ankommen, unseren Platz finden und einnehmen.

Mit dem Halten, also dem Strömen des Daumens harmonisieren Sie Ihre Mitte. Babys tun dies instinktiv durch das Daumenlutschen. Wir Erwachsene können die Mitte harmonisieren, indem wir einen Daumen mit den Fingern der anderen Hand sanft umschließen, ohne Druck oder Zusammenpressen der Finger, sondern sanft und leicht und weich. Wir versenken den Daumen wie in eine Höhle (Gebärmutter).

Wir schenken uns selbst liebevolle Aufmerksamkeit, halten den Daumen, atmen gut aus und ein, lassen los beim Ausatmen und tanken auf beim Einatmen. Alle Sorgen, alles Grübeln, alle Angst vor der Zukunft etc. lassen Sie mit Ihrem Ausatem und Ihrer Absicht, es gehen zu lassen, aus Ihrem Körper und Ihren Zellen entweichen. Spüren Sie, wie Ihre Schultern dabei immer mehr nach unten sinken, der Atemrhythmus sich ganz von allein verlangsamt und dadurch tiefer wird und Sie insgesamt ruhiger werden.

Schenken Sie Ihrem Daumen so lange Aufmerksamkeit
- *wie Sie fühlen, dass es Ihnen guttut,*
- *oder bis Sie fühlen, dass der Daumen warm ist*
- *oder Sie einen gleichmäßigen Puls fühlen.*

Dann wechseln Sie zum Daumen der anderen Hand. Es
Seiten Aufmerksamkeit zu schenken, um das Gleichgewicht herzustellen bzw.
zu erhalten.

Übung: Energietor 6

Das Energietor 6 liegt an der inneren Fußwölbung, sowohl
links als auch rechts. Damit harmonisieren wir die 1. Tiefe,
also Magen und Milz, wie folgt: Legen Sie die linke Hand
auf das rechte Fußgewölbe = ET 6, die rechte Hand hält den
rechten kleinen Zeh. Für den anderen Fuß kehren Sie die
Handhaltung um.

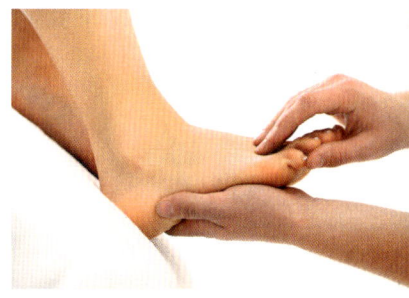

Übung: Milzstrom

Gundprinzip des JShJ:
Deine Hände und dein
Atem sind das „Werk-
zeug", das du brauchst.

Die folgende Übung stammt aus Jin Shin Jyutsu,
nennt sich „Milzstrom" und stärkt insbesondere
die Energie der Milz. In der Traditionellen Chinesischen Medizin hat die Milz u. a. die Aufgabe, die
Nahrung zu transformieren (zu verstoffwechseln) und die daraus gewonnene
Energie im ganzen Körper zu verteilen.

Der Milzstrom gehört zum Element Erde. Erde steht für Geborgenheit, Sicherheit, meinen festen Platz im Leben/auf der Erde haben. Erde braucht jeder
Mensch. Ohne Erde (Wurzeln) – keine Flügel. Der Spätsommer (die Erntezeit)
wird dem Element Erde zugeordnet, aber auch der Übergang zwischen den
einzelnen Jahreszeiten (Frühling, Sommer, Herbst und Winter) entspricht der
Erdqualität. Deshalb ist es wichtig, die Erde immer wieder zu stärken, mittels
Nahrung und in diesem Fall mit einem ihrer Ströme, dem Milzstrom.

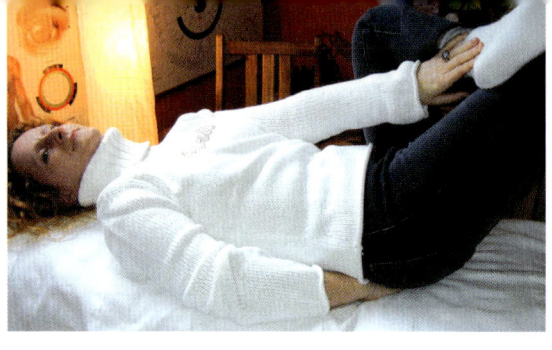

Machen Sie es sich im Liegen bequem. Für den linken Strom legen Sie die rechte Hand (Handfläche oder -rücken) auf das Steißbein. Die linke Hand legen Sie auf die Innenseite des *linken* Fesselgelenkes (auf der Innenseite zwischen Knöchel und Ferse). Das Steißbein bildet unsere Basis, hier entspringt die Wirbelsäule als unsere Stütze, unser Rückhalt. An der zweiten Stelle auf der Innenseite zwischen Knöchel und Ferse fließt unter anderem der Nierenmeridian. Hier befindet sich Energietor (kurz ET) 5. Seine Aufgabe erfüllt es z. B. im Aufbrechen und Ablegen von alten Gewohnheiten und dem Zulassen von Neuem. D. h. es hilft z. B. kraftvoll von einer Jahreszeit in die andere zu kommen. Aber auch bei Umstellung, Schulwechsel, Jobwechsel, Ernährungsumstellung ... leistet der Milzstrom wertvolle Unterstützung. Speziell die ersten beiden Schritte vermitteln ein Gefühl der Sicherheit (Steißbein) und die Kraft, das Alte gehen zu lassen und Platz für das Neue zu schaffen.

Wirkung Milzstrom:
Der Milzstrom gibt allen Organen Energie, stillt das Verlangen nach Süßem, hilft gut einzuschlafen, entgiftet, beruhigt das Nervensystem, gibt Sicherheit und Geborgenheit.

Sollte die Position beim Fesselgelenk zu unangenehm sein, dann legen Sie die linke Hand auf die Innenseite des *linke*n Kniegelenks (es ist wichtig, sich beim Selbst-Strömen auch wirklich wohlzufühlen!), denn an dieser Stelle fließt der Milzstrom ebenfalls hindurch. Hier finden Sie ET 1. Es hilft dem Ausatem, macht dadurch den Kopf frei und unterstützt damit auch das Loslassen, Abgeben, Beenden, Aufhören, Alles-nach-unten-Bringen, hilft, unseren Platz zu finden und einzunehmen und uns wohlzufühlen. Da es das erste im Reigen von 26 Energietoren ist, dient es auch allem Anfang, allem, das Sie beginnen möchten. Es bringt Sie in Bewegung und verleiht gleichzeitig die Stabilität und das Vertrauen zu sich selbst und zum großen Ganzen, diese Bewegung auch zu tun.

2. Bewegen Sie nur die linke Hand und legen Sie sie auf die vordere Mitte des *rechten* Rippenbogens. Hier befindet sich ET 14 und auf der rechten Seite die Leber. Die Leber ist einerseits als Entgiftungsorgan bekannt, hat aber auch die Aufgabe, das Blut zu reinigen. Und sie steht symbolisch dafür, das Leben einfach genießen zu können. ET 14 hilft, beim Wechsel unser Gleichgewicht halten zu können, hilft, alles zu verdauen (nicht nur die Nahrung), unterstützt den Atem, indem es das Zwerchfell entspannt und damit dem Herz und der Lunge Raum gibt.

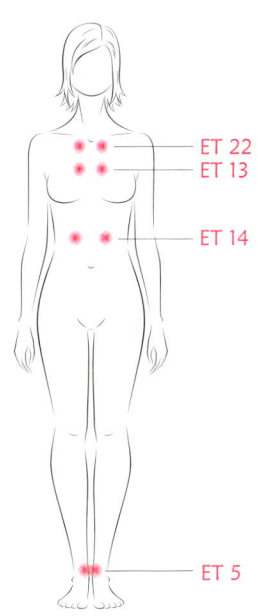

ET 22
ET 13

ET 14

ET 5

3. Bewegen Sie nur die rechte Hand und legen Sie sie auf die vordere Mitte der dritten *linken* Rippe, knapp oberhalb der Brust. Hier befindet sich ET 13. Es ist dem Herzen zugeordnet, unterstützt die innere Ruhe, die Selbstliebe und hilft, dass das, was Sie für sich und andere tun, auf fruchtbaren Boden fällt. Und es unterstützt, wie ET 14, die Lunge (öffnet den Brustraum), sodass das Ausatmen (Loslassen) leichter fällt und Raum für Neues entsteht.

4. Bewegen Sie nur die rechte Hand und legen Sie sie unter die Mitte des *rechten* Schlüsselbeines, zwischen dem Schlüsselbein und der ersten Rippe. Hier befindet sich ET 22, ein Meisterakupunkturpunkt. Der Nierenstrom/ Nierenmeridian endet hier. Die Niere ist in der TCM der Sitz der Kraft, d. h. das Strömen dieses ET hilft, in Ihrer Kraft bleiben bzw. Kraft tanken zu können. Es verbindet die Wahrnehmung mit der Umsetzung (weiblich mit männlich), die linke und rechte Körper-/Gehirnhälfte, hilft, tiefen Stress loszulassen und sich geborgen zu fühlen – ganz egal, wo das Leben uns „hinstellt".

Die Kombination dieser Energietore bringt den Milzstrom in seine Kraft, sozusagen in sein Flussbett, sodass er ungehindert fließen kann.

Halten Sie jede Sequenz einige Minuten bzw. solange es Ihnen guttut (bis es warm wird oder Sie ein gleichmäßiges Pulsieren unter beiden Händen verspüren). Schauen Sie dabei nicht auf die Uhr, sondern spüren Sie, was der Milzstrom mit Ihnen macht. In Verbindung mit dem gleichmäßigen Atmen (Ausatmen den Körper vorne hinunter, Einatmen den Rücken hinten hinauf; das Ausatmen sollte immer etwas länger sein als das Einatmen; Ausatmen und Loslassen, Einatmen und Empfangen) schmilzt die Anspannung unter Ihren Händen hinweg.

Der positive Satz des Milzstromes: *„Ich ruhe in meiner Mitte."*

Übung: Energietor 1

Energietor 1 ist der Urbeweger – der Allgemeinmediziner – und hilft beim Ausatmen. Es bringt alles in Bewegung, was „oben" (oberhalb des Energietores) stockt. Dies ist z. B. bei Kopfschmerzen und Verstopfungen, aber auch bei gedanklichen Blockaden der Fall. Es hilft, den eigenen Platz zu finden und ihn einzunehmen.

Das Energietor 1 liegt an der Innenseite des Knies. Beim Strömen sollten Sie gut ausatmen und Ihre Gedanken beobachten. Wenn belastende, sorgenvolle Gefühle auftauchen, lassen Sie sie mit dem Ausatmen gehen.

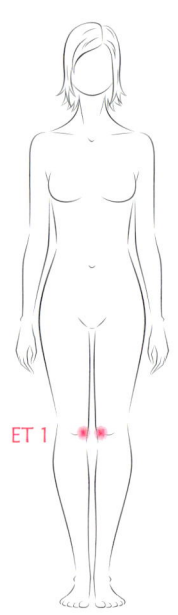

ET 1

Durch das Strömen und Atmen kommt Ihre Energie innerlich wieder in Bewegung!

Die Balance durch Kinesiologie

Kinesiologie ist die „Lehre von der Bewegung", d. h. sie bringt wieder etwas in Bewegung, was zuvor ins Stocken geraten ist und damit blockiert war. Diese Blockierungen können sowohl physischer, emotionaler, mentaler, aber auch spiritueller Natur sein. In der Kinesiologie bringen wir Blockiertes entweder durch körperliche Bewegung wieder ins Fließen oder, wie im Jin Shin Jyutsu, durch Berührung am Körper bzw. durch Visualisierung im Geist.

Übung: Ohrenmassage

Mit Ihrem rechten Ohr hören Sie die Wörter und geben sie an das Sprachgehirn weiter (= linke Gehirnhälfte). Das linke Ohr ist das musikalische und bildhafte, d.h. es nimmt die Melodie, den Klang und das Bild auf (= rechte Gehirnhälfte).

Ist z. B. Ihr rechtes Ohr „abgeschaltet", verstehen Sie sehr oft das Gesprochene nicht und können es sich deshalb auch nur schwer bis gar nicht merken.

Ist Ihr linkes Ohr „abgeschaltet", hören Sie zwar das Gesprochene/Gelesene und Sie können sich dazu auch Bilder vorstellen. Wenn Sie jedoch gefragt werden, was Sie gelesen haben, wissen Sie keine Antwort darauf.

Hören und Zuhören
Ihr Ohr ist ein wichtiger Kanal, über den Informationen ans Gehirn gebracht werden. Beim Hören wandeln Sie Klangwellen in Informationen um. Wenn Sie hören und verstehen, nennen wir das „zuhören".
Ist nun dieser Kanal „verlegt", haben Sie oft Schwierigkeiten mit dem Zuhören: Sie hören zwar, was gesprochen wird, begreifen es aber nur teilweise oder schwer.

Zum Glück lässt sich das aber leicht beheben: An Ihrem Ohr befinden sich über 400 sogenannte *Akupunkturpunkte*. Massieren Sie also Ihr Ohr, stärken Sie damit auch Ihr Hörverständnis.

Sie können sich Ihre Ohren wie ein kleines Abbild Ihres Körpers vorstellen. Dort sind zahlreiche wichtige Körperfunktionen repräsentiert. Dies macht sich auch die Ohrakupunktur zunutze. In der Kinesiologie arbeiten wir zwar nicht mit Nadeln, aber auch die Massage dieser Punkte wirkt sich positiv auf zahlreiche Gehirn- und Körperfunktionen aus. Sie spüren sofort eine wohltuende, entspannende Wirkung wie nach einer Ganzkörpermassage.

So massieren Sie Ihre Ohren:

1. Drehen Sie den Kopf auf die linke Seite und massieren Sie Ihr rechtes Ohr. Dazu nehmen Sie Ihr Ohr ganz sanft zwischen die Finger und rollen es von innen heraus aus. Achten Sie dabei darauf, dass Sie so viele Stellen wie möglich im Ohr mit Ihrer „Massage" erreichen. Massieren Sie Ihr Ohr ca. 5–7 Mal von oben nach unten. Wird Ihr Ohr warm (die Durchblutung ist besser) dann wissen Sie, dass Sie Ihr Hörverständnis für Ihr rechtes Ohr verbessert bzw. Ihre gesamte linke Körperhälfte „massiert" haben.

2. Drehen Sie nun Ihren Kopf auf die rechte Seite und massieren Sie Ihr linkes Ohr genauso, wie unter 1. beschrieben.

3. Machen Sie die Übung abwechselnd mit offenen und geschlossenen Augen.

Übung: Überkreuzbewegung

Die Überkreuzbewegung entstammt der Kinesiologie. Mit dieser Übung bringen Sie die Energie in sich mit körperlicher Bewegung wieder zum Fließen.

So führen Sie die Übung durch:

1. Bitte stehen Sie aufrecht und ganz locker. Ihre Arme hängen seitlich herunter. Nun heben Sie das rechte Knie nach vorne an, bis Sie es bequem mit der linken Hand erreichen können. Danach senken Sie das rechte Bein wieder, den linken Arm lassen Sie locker wieder fallen.

2. Dieselbe Bewegung machen Sie nun mit dem linken Knie, das Sie jetzt mit der rechten Hand berühren.

3. Führen Sie beide Überkreuzbewegungen abwechselnd in einem gleichmäßigen Rhythmus durch, bis Sie sie ganz locker und wie von selbst machen.

4. Als Nächstes führen Sie eine Parallelbewegung durch, d. h. Sie bringen das rechte Knie zur rechten Hand und das linke Knie zur linken Hand. Auch das machen Sie locker im Wechsel, bis alles wie von selbst läuft.

5. Führen Sie die Überkreuz- und die Parallelbewegungen immer wieder im Wechsel durch (ca. 7 Mal pro Bewegungsablauf).

Wichtig:
- Beginnen und enden Sie mit der Überkreuzbewegung.
- Halten Sie Ihre Schultern, Hände und Beine locker und entspannt.
- Seien Sie locker in der Bewegung.
- Trinken Sie vorher bzw. dazwischen immer ein paar Schluck Wasser.
- Wenn Sie merken, dass Sie sich verkrampfen, schütteln Sie alles aus und trinken Wasser.

Die Überkreuzbewegung hilft:

- beide Gehirnhälften gleichzeitig einzuschalten, sodass sie gemeinsam arbeiten (Intuition und Logik arbeiten zusammen und ergänzen sich)
- die Bewegung der Augen und der Hände zu koordinieren
- Fehlkommunikation zwischen Körper und Gehirn ins Gleichgewicht zu bringen
- sich selbst immer wieder zu motivieren
- angestaute/n Zorn/Wut abzubauen
- fördert Konzentration und Merkfähigkeit
- bei rotierenden Gedanken, innerlich wieder still zu werden, sodass Sie sich besser konzentrieren können
- gibt Sicherheit bei sportlichen Betätigungen wie Laufen, Radfahren, Schwimmen ...
- stärkt das Selbstbewusstsein
- macht munter und aufnahmebereit (empfänglich für Gehörtes, Gelesenes ...)

Meridiane

Nach Auffassung der Traditionellen Chinesischen Medizin fließt die Lebensenergie Qi im menschlichen Organismus in sogenannten Meridianen oder Leitbahnen. Sie können sich Meridiane als feine Kanäle vorstellen, die den ganzen Körper wie ein Netz durchziehen und miteinander verbunden sind.

Dabei unterscheiden die Chinesen zwischen inneren und äußeren Meridianverläufen. Für die Kinesiologie und auch für die Akupunktur sind nur die äußeren Verläufe von Belang. Über die Meridiane und Akupunkturpunkte kann durch Druck (Akupressur) oder Berühren (Jin Shin Jyutsu) Einfluss auf den Energiefluss genommen werden.

Meridiane in der TCM
Man unterscheidet zwischen zwölf Hauptmeridianen und acht sogenannten außerordentlichen Meridianen. Für die Kinesiologie sind außerdem noch zwei in der Körpermitte verlaufende außerordentliche Meridiane von Bedeutung: der Zentral- und der Gouverneurmeridian.
Der Zentral- und der Gouverneurmeridian haben Einfluss auf alle Meridiane.

Die Meridiane tragen, zumindest im Westen, in den meisten Fällen den Namen der Organe, denen sie zugeordnet sind.

Die Meridiane laufen jeweils doppelseitig, das heißt, sie finden jeden Meridian auf der linken sowie auf der rechten Körperhälfte, außer den Zentral- und den Gouverneurmeridian. Meridiane verlaufen jeweils in eine bestimmte Richtung und haben je einen Anfangs- und Endpunkt. Je nachdem, ob ein Meridian nun über zu viel oder zu wenig Energie verfügt, werden Sie ihn in oder gegen die Laufrichtung berühren.

Alle Meridiane sind untereinander insofern verbunden, dass an jedem Endpunkt eines Meridians in unmittelbarer Umgebung ein anderer beginnt und in der anderen Laufrichtung weiterfließt. Jeder Meridian gibt seine Energie an den nächsten Meridian weiter. Voraussetzung dafür: Die Lebensenergie Qi fließt im Körper frei!

Und so führen Sie die folgende Übung durch:

Übung: Der Zentralmeridian (= ZG)

Der Zentralmeridian beginnt in Schambeinhöhe. Von hier aus fahren Sie mit der rechten oder linken Hand gerade auf der Körpermittellinie nach oben, bis Sie unterhalb der Unterlippe (= Kinnfalte) beim Ende des Zentralmeridians angelangt sind. Sie können dabei Ihren Körper berühren oder auch ein paar Zentimeter entfernt den Meridian aktivieren.

Ist der Zentralmeridian aus dem Gleichgewicht, sind Sie sozusagen „aus der Mitte". Das geschieht sehr oft, wenn Sie z. B. das Gefühl haben, in einer ausweglosen Situation zu stecken, „keine andere Wahl" zu haben. Dann nehmen Sie sich selbst nicht wichtig und sind offen für „Angriffe" von außen, die Ihnen unter die Haut gehen. Und das macht zornig!

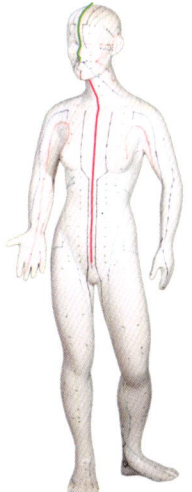

Zentralmeridian

Ein Ungleichgewicht im Zentralmeridian bedeutet aber auch, dass Sie sich geistig zu sehr überlastet haben. Bei Kindern tritt das sehr häufig auf, wenn zu viel auf einmal zu lernen ist. Aber auch Erwachsene kennen das sehr gut, geistig einfach leer, ausgelaugt zu sein. Dann tut es gut, den Zentralmeridian zu aktivieren.

Übung: Der Gouverneurmeridian (= GG)

Der Gouverneurmeridian beginnt beim Steißbein. Fahren Sie auch hier mit der rechten oder linken Hand entlang der Körpermitte nach oben. Stellen Sie sich dabei vor, Sie würden einen Reißverschluss schließen. Fahren Sie mit einer Hand den Rücken soweit Sie können hinauf und holen Sie sich dann den „Reißverschluss" mit der anderen Hand. Fahren Sie weiter den Rücken hinauf, über den Kopf und enden Sie am oberen Rand der Oberlippe. Der Gouverneurmeridian ist wichtig für Konzentra-

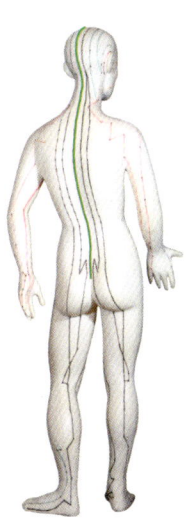

Gouverneurmeridian

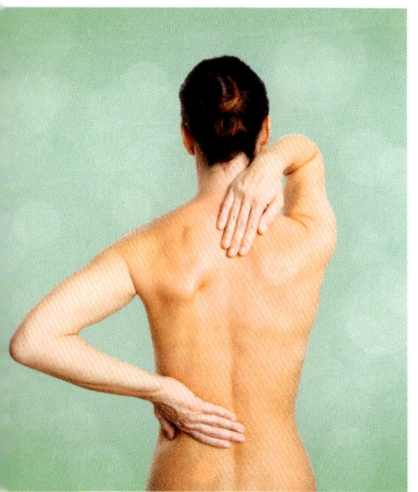

tion, Lernen und Merken. Ist er aus dem Gleichgewicht, „schwirrt" Ihnen z. B. der Kopf. Ein Ungleichgewicht kann sich aber auch in Rückenschmerzen zeigen.

Beim Gouverneurmeridian geht es um Ihren inneren Frieden, den Sie bei einem Ungleichgewicht nicht haben. Es geht um die innere Stille, sich in Sicherheit zu fühlen, motiviert weiterzugehen und empfänglich zu sein für das, was momentan wichtig ist für Sie.

Dies ist eine wunderbare Energieübung, die Sie gleichzeitig auch in Ihre Mitte zurückbringt, da sich diese beiden Meridiane genau auf der Mittellinie des Körpers befinden.

Die Übung selbst ist ganz einfach und kann entweder alleine oder zu zweit durchgeführt werden. Sie können auch beide Meridiane gleichzeitig aktivieren. Das machen Sie dann aber am besten mit einem Partner.

Den Zentral- und Gouverneurmeridian können Sie einzeln oder paarweise ein- bis mehrmals täglich aktivieren, wann immer Sie das Bedürfnis danach verspüren.

Die Balance durch Ernährung

Ernährung bildet ebenso einen wesentlichen Punkt. Wie zu Beginn beschrieben, kann durch eine nicht zu Ihnen passende Ernährung die Mitte beeinträchtigt oder sogar blockiert werden. In meinem ersten Buch „Kochen für die Seele" können Sie Grund-Informationen über die 5-Elemente-Ernährung nachlesen. Und ich gebe darin viele Tipps, wie Sie diese Ernährungsform nach und nach in Ihren Alltag einbauen können.

Balancierung durch Ernährung bedeutet:

- wenig bis keine Rohkost; ebenso vermeiden Sie Brot, Milchprodukte, Weißmehl und Produkte daraus sowie Süßes in Ihrem Speiseplan (zumindest so lange, bis Ihre Mitte wieder in der Balance/in ihrer Kraft ist)
- ein warmes Frühstück bzw. drei warme Mahlzeiten täglich
- Regelmäßigkeit in der Ernährung: mehrere kleine Mahlzeiten am Tag, ca. alle vier Stunden
- vermehrt neutrale bis wärmende Lebensmittel aus dem Element Erde verwenden (siehe Lebensmitteltabelle)
- Zur Stärkung der Milz/Mitte essen Sie an drei Tagen hintereinander bis zu 300 g Süßkartoffeln.

Jedoch möchte ich darauf hinweisen, dass es verschiedene Stoffwechseltypen gibt. D. h. es kann sein, dass Kohlenhydrate Sie nicht sättigen und Sie stattdessen schon nach kurzer Zeit wieder hungrig sind. Dann benötigen Sie auch vermehrt Eiweiß, z. B. in Form von Fleisch[1]. Wenn dem so ist, dann bitte ich Sie, Fleisch aus artgerechter Haltung zu nehmen, dem Tier zu danken und es zu

---

1 Für mehr Informationen zu den Stoffwechseltypen empfehle ich Ihnen das Buch meiner Kolleginnen Dr. Karin Stalzer und Christina Szalai „Was den einen nährt macht den anderen krank".

segnen. So verfahre ich übrigens mit jedem Lebensmittel. Denn jede Pflanze, jedes Korn, jedes Gemüse usw. stellt sich zur Verfügung, um *mich* zu nähren. Ich nehme die Energiestruktur des Lebensmittels auf und es gibt „sein Leben" dafür. Um zu danken, verbinde ich mich mit meinem Herzen und mit dem Herzen des Lebensmittels und lasse die Liebe fließen.

Diese Form des „Segnens" möchte ich Ihnen sehr ans Herz legen: Segnen Sie das Essen, das Wasser, das Sie trinken und/oder zum Waschen verwenden, segnen Sie Ihr Umfeld, die Menschen, mit denen Sie in Kontakt kommen, segnen Sie Mutter Erde ... Sie selbst kommen dadurch in eine höhere Schwingung und heben gleichzeitig auch die Schwingung Ihrer Umgebung an.

Folgende Gewürze und Lebensmittel helfen, die Feuchtigkeit zu reduzieren und damit die Verdauungskraft und die Mitte zu stärken:

Feuchtigkeitsentgegenwirkend bzw. -ausleitend sind:

Kräuter und Gewürze:	Lebensmittel:	
Angelikawurzel	Adzukibohnen	Mungobohnen-
Chili	Alfalfa	keimlinge
Kardamom	Blattsalat	Quitte
Kresse	Buchweizen	Rettich
Kurkuma	Essig	Rindfleisch
Liebstöckl (Maggikraut)	Fenchel	Roggen
Löwenzahn	Frühlingszwiebel	Rosenpaprika
Mariendistelsamen	Grünkern	Sellerie
Muskat	Gerste	Spargel
Orangenschalen	Hirse	Tee, grüner
Pfeffer, weißer	Kapern	Tee, schwarzer
Thymian	Karpfen	Thunfisch
Vanille	Kartoffel	Zwiebel
Zimtrinde	Kohlrabi	
Zitronenschalen	Kürbis	

Alle übrigen Kräuter verbessern die Verdauungskraft und den Geschmack der Speisen!

Die Balance durch Bewegung
mit dem Körper, am Körper, im Körper, im Geist

Bewegung ist das Um und Auf. Ohne Bewegung gibt es kein Leben. So wie der Atem sich hinein- und hinausbewegt und damit die Energie für das Le-

ben und unzählige Vorgänge in unserem Körper ermöglicht, so ist es auch notwendig, unsere Gedanken beweglich, das heißt ohne fixe, starre Einstellungen, zu halten. Ebenso dürfen unsere Emotionen beweglich bleiben.

Alle Emotionen und Gefühle, die in uns sind und auftauchen, sollten wir annehmen und fließen lassen. Denn nur im Fließen, wenn wir z. B. den Tränen freien Lauf lassen, Wut fühlen, über unser Herz ausatmen usw., bleibt alles in Bewegung und nichts blockiert oder bleibt in uns stecken.

Wir Menschen neigen dazu, immer wieder die gleichen Gedanken zu denken. Dadurch rufen wir jedoch gleichzeitig immer wieder dieselben Gefühle in uns wach, die wiederum in den gleichen Handlungen münden (die E-Motion bringt uns zum Handeln!). Deshalb ist es wichtig zu erkennen, was Sie den ganzen Tag über denken, und ganz bewusst aus diesen fixen Einstellungen auszusteigen, sich aus diesen Mustern *herauszubewegen*.

Und genauso benötigt auch unser physischer Körper Bewegung. Alles unterstützt sich gegenseitig. Ausreichend Bewegung an der frischen Luft sorgt für eine starke Mitte! Gleichzeitig nehmen Sie mehr Sauerstoff auf, was wiederum das Leben in Ihnen aktiviert.

Auch hier möchte ich Ihnen eine meiner persönlichen Erfahrungen schenken:
Ich bin sehr viel in den Bergen unterwegs. Ich liebe die Natur und die Kraft der Berge. Anscheinend lebte ich in früheren Leben auch in den Bergen, mit viel Kräuterwissen. Und ich bin von Natur aus dazu gebaut, mich zu bewegen.

(Dieses innere Wissen hatte ich schon immer. Bestätigt wurde es während meiner Kinesiologie-Ausbildung durch das Wissen um Struktur-Funktionen. Jede Struktur eines Menschen hat auch eine spezielle Funktion, über die sich die Seele instinktiv ausdrückt – siehe auch rechts im Text „Körperstruktur überprüfen".)

Unter der Woche sitze ich viel, sowohl in den Einzelbegleitungen als auch danach im Büro. Wenn ich mir also unter der Woche zu wenig Zeit für Bewegung nehme und meine Zunge betrachte, weist sie teilweise seitliche Zahnabdrücke auf. Wenn ich in den Bergen wandern bin bzw. unter der Woche regelmäßig Sport betreibe, verschwinden diese Zahnabdrücke. Und ich fühle mich insgesamt ausgeglichener, fitter, wohler, „runder". Das heißt, in meinem Fall ist die Bewegung das Verbindungsglied, um meine Mitte zu stärken.

Unser Körper ist ein toller Begleiter! Er zeigt uns immer wieder, was uns guttut. Und wenn wir ihn hören und wie einen guten Freund behandeln – dann entsteht auch hier ein wunderbares *Miteinander,* zu unserem Wohle!

Sie können feststellen, ob körperliche Bewegung für Sie wichtig ist oder nicht. Überprüfen Sie Ihre Körperstruktur wie folgt:

Setzen Sie sich auf einen Sessel und legen Sie Ihren Oberkörper auf Ihre Oberschenkel. Lassen Sie die Arme seitlich locker herunterhängen. Und nun betrachten Sie den Abstand Ihrer Schultern zu Ihren Knien.

1. Enden Ihre Schultern vor Ihren Knien, dann sind Ihre Beine länger als Ihr Oberkörper. Diese Struktur zeigt, dass es für Sie anstrengender ist, längere Zeit im Stehen das Gleichgewicht zu halten. Denn der Schwerpunkt liegt durch die Länge der Beine höher, wie auf Stelzen, und ist daher für Ihr „System" anstrengender. Das heißt, Sie brauchen keine körperliche Bewegung, um in die Balance zu kommen, sondern z. B. das Füße-Hochlagern. Was jedoch nicht heißt, dass Sie gar keine Bewegung benötigen. Das Füße-Hochlagern bringt Sie in die Balance zurück, wenn Sie unter Stress stehen.

2. Enden Ihre Schultern nach Ihren Knien, dann sind Ihre Beine kürzer als Ihr Oberkörper, d. h. Ihr Schwerpunkt ist näher am Boden. Ergo sind Sie gebaut, sich zu bewegen und kommen durch Bewegung in Ihre Balance.

3. Enden Ihre Schultern genau bei Ihren Knien, dann haben Sie es ganz leicht, denn Sie kommen sowohl durch Bewegung als auch durch Füße-Hochlagern in Ihre Balance. Sie haben also die Wahl. Wichtig ist nur, dass Sie in der jeweiligen Situation die für Sie *richtige* Wahl treffen. Und dazu gehört wieder das Sich-selbst-Fühlen!

Die Balance mit Essenzen

Essenzen gibt es mittlerweile sehr viele unterschiedliche. Es handelt sich um Auszüge aus Pflanzen, Kristallen, Kräutern ... . In Essenzen werden die Energien der Natur und der jeweiligen Substanz „eingefangen" und können im Bedarfsfall den Menschen auf seinem Weg zu sich selbst unterstützen.

Bachblüten sind mittlerweile wohl die bekanntesten unter den Essenzen. Dr. Bach war Arzt. Er erkannte, dass das Wesen und der Charakter einer Pflanze abhängig sind von dem Umfeld, das die Pflanze prägt.

Betrachten Sie z. B. einen weißen Kastanienbaum. Er ist groß und mächtig. Ein starker Stamm und eine weit ausladende Krone, auf der im Frühjahr ganz kleine weiße Blüten mit einem zartrosa Tupfen blühen. Die Bachblüten-Essenz der weißen Kastanie hilft, von negativen Gedanken wegzukommen und stattdessen konzentrierte, klare, konstruktive Gedanken zu denken. Der Stamm steht für den Körper, die Krone für Ihren Geist. Somit schenkt Ihnen die weiße Kastanien-Essenz die Stabilität, Ihren Geist positiv und konstruktiv auszuweiten und zu entfalten.

So nutzte Dr. Bach die Pflanzen, um viele weitere Ungleichgewichte im Menschen in die Balance zu bringen, wie z. B. die Mimulus, die dabei unterstützt, tapfer, mutig und voller Vertrauen den eigenen Weg zu gehen. Insgesamt gibt es derzeit 38 Bachblüten-Essenzen. Die 39. ist eine Kombination aus fünf Bachblüten und wird Notfall-Essenz genannt. Sie wirkt wahre Wunder in Zeiten von großer Anspannung, Stress, Schock, usw. Ihre positive Ausstrahlung bewirkt, dass der Mensch innerlich zur Ruhe kommt und dem Fluss des Lebens wieder vertrauen kann.

Es gibt mittlerweile auch Essenzen, die die Energie von Kristallen, Getreiden, Energien der Engel und Meister usw. enthalten, wie z. B. Aura Soma, Lichtwesen (Engel- und Meisteressenzen), Ingrid Auer Engelsessenzen ...

Im Aura-Soma-System gibt es z. B. das Balance-Öl Nr. 4 und Nr. 41. Beide nähren die Mitte und helfen, die innewohnende Kraft und Weisheit in sich zu finden und nach außen zu bringen. Das Aura-Soma-Balance-Öl Nr. 83 balanciert den Solarplexus aus. Bei Lichtwesen gibt es z. B. die Integrations-Essenz Erde, die hilft, Geborgenheit und Sicherheit in sich selbst zu erlangen.

Goldene Herzverbindungen

Die physische, aber auch die Seelen-Familie bilden wichtige Strukturen für uns selbst und auch für die Gesellschaft. Eine intakte Familienstruktur gibt Sicherheit, Geborgenheit und Rückhalt, was sowohl für die Erwachsenen als auch für die Kinder von großer Bedeutung ist. Um das Zusammenleben in einer Familie für alle Beteiligten wirklich förderlich zu gestalten, ist es notwendig, einige Grundregeln und Ordnungen zu kennen und danach zu leben. Kennen wir diese Ordnungen nicht bzw. verstoßen wir dagegen, kommt Unordnung in die Familie, deren Auswirkungen alle spüren.

Genauso ist es auch wichtig für unser Inneres, für unsere Seele, unsere eigenen inneren Grundregeln und Ordnungen, unsere Seelenstruktur zu kennen, um sie leben zu können. Jedes Mal, wenn wir gegen unsere eigene innere Ordnung denken und handeln, gehen wir aus unserer inneren Ordnung heraus, was wir zu spüren bekommen – körperlich, gedanklich oder gefühlsmäßig.

Goldene Herzverbindungen schenken Ihnen Herzöffnung, Selbstliebe, Respekt, Annahme, Wertschätzung, Toleranz, Verzeihen, inneren Frieden – für sich selbst und andere.

Goldene Herzverbindungen bieten einen sanften, liebevollen und gleichzeitig kraftvollen Weg, sich die Verstrickungen in sich selbst (Beziehungen zu Ihrer Seele, zu inneren Wesensanteilen, zu den einzelnen

Körpern – physisch, emotional, mental und spirituell, zu den Chakren usw.) und/oder seiner Familie/seinen Beziehungen anzusehen und zu lösen. Meditation, Energiechanneling, Essenzen, kinesiologischer Muskeltest u.v.m. begleiten den Prozess und unterstützen das Lösen und Wachsen: Verstrickte und behindernde Verbindungen können sich auflösen bzw. in *Goldene Herzverbindungen* wandeln, Verbindungen auf Basis der Liebe, des Herzens entstehen.

Stabilität durch Integration der eigenen Schattenanteile

Schatten sind Teile von Ihnen, die Sie am liebsten gar nicht sehen möchten. Jeder Mensch möchte aus seinem Ego heraus einfach gut dastehen, unfehlbar, stark, überlegen … sein. Die Realität sieht jedoch, Gott sei Dank, ganz anders aus. Jeder Mensch hat seine Stärken und Schwächen. Und genau diese Schwächen gilt es zu sehen, anzunehmen, ins Herz zu schließen und damit zu integrieren. Neid, Zorn, Angst, Be- und Verurteilen (sich selbst und andere) sind nur einige Beispiele eines Schattenanteils. Jeder Schatten birgt in sich jedoch auch die Kraft der positiven Lichtseite.

Indem wir den Schatten annehmen und ihn ins Herz schließen, eröffnet sich uns der Schatz, der sich hinter dem Schatten versteckt gehalten hat. So kann z. B. aus Zorn nach dem Annehmen die Kraft entstehen, aus dem Herzen heraus zu handeln und zu leben. Aus Kontrolle kann nach der Annahme z. B. das Vertrauen in sich selbst und ins Leben werden.

Meist sind es unsere Mitmenschen, besonders jene Menschen, die wir lieben, die uns unsere Schattenseiten ganz klar aufzeigen. Wenn Sie jemand an Ihrer Seite haben, an dem Sie z. B. dessen Bequemlichkeit immer wieder in Rage versetzt – dann sollten Sie sich fragen:

Wo bin ich selbst bequem und bringe nicht die Kraft und Motivation auf, etwas für mich zu tun?

Der Mensch im Außen spiegelt Ihnen sozusagen Ihren Schatten. Und er erweist Ihnen damit einen großen Dienst. Denn würde er oder sie Ihnen diesen Schatten nicht zeigen und Sie damit in Zorn (Kraft) versetzen, würden Sie Ihren eigenen Schatten niemals hervorholen, um ihn zu lösen. So unterstützen wir uns immer wieder gegenseitig, auch wenn es manches Mal auf unangenehme Art und Weise geschieht.

Schattenanteile im Außen

Sind Ihre Schatten einmal integriert, dann bringen Sie die im Außen gespiegelten und projizierten Schatten nicht mehr aus dem Gleichgewicht, sondern Sie bleiben in Ihrer Stabilität.

Meditation/Innenschau

Meditation heißt, ganz im Moment zu sein, achtsam, sich in allem, was man denkt, fühlt, spricht und handelt, wahrzunehmen. Genau das versuche ich auch in meinen Alltag zu integrieren, also meinen Alltag zur Meditation zu machen. Es gelingt nicht immer, jedoch ist meine Intention darauf ausgerichtet. Und die Energie folgt der Absicht. Ich kann Sie nur einladen, sich täglich Zeit für sich selbst zu nehmen, in die Stille zu gehen, die Gedanken zu hören und die Gefühle zu fühlen.

Schenk dir selbst täglich eine halbe Stunde Stille,
damit du in deinem Körper deine Seele wiederentdeckst.

Auch wenn anfangs innere Unruhe da ist, die Gedanken sich einfach nicht abstellen lassen und Sie von Gefühlen „überschwemmt" werden. Das ist zu Beginn so, denn die Seele und Ihr Innerstes bekommen die Aufmerksamkeit, nach der sie sich so lange sehnen. Und dann ist es wie bei einem kleinen Kind, das übersprudelt, weil es alles auf einmal erzählen möchte. Seien Sie geduldig, liebevoll, sanft und achtsam mit sich selbst.

Schenken Sie sich die Zeit, hören Sie sich selbst zu und fühlen Sie Ihre Gefühle. So lernen Sie sich selbst kennen *und lieben*! Die Meditation „Goldene Sonnenmitte" für Ihre tägliche Übung kann Ihnen dabei helfen.

Meditation: Goldene Sonnenmitte

1. Geh in eine für dich angenehme Haltung, in der du einige Zeit gut bleiben kannst, wo dein Atem ganz frei fließen kann und du dich wohlfühlst. Du kannst dich setzen oder legen, was für dich angenehmer ist und in welcher Haltung du dir am nächsten kommst.

2. Bitte deinen Schutzengel, deinen Meister/deine Meisterin oder deinen Inneren Führer um Schutz und Geleit durch die Meditation. Wenn du noch keinen Inneren Führer hast, so bitte Mahatma, Metratron und Melchizedek um Unterstützung.

3. Geh nun in eine Verbindung mit deinem *Atem*. Fühle deinen Einatem und deinen Ausatem. Fühle die Länge des Einatems und des Ausatems. Fühle deinen ganz eigenen Rhythmus. Spür, ob dein Atem die Freiheit hat, ganz frei durch dich hindurchzuströmen, oder ob ihn auf dem Weg durch deinen Körper eine oder mehrere Stellen behindern, an denen du verkrampft oder angespannt bist oder wo du Schmerz empfindest. Atme dann ganz bewusst in diese Stellen hinein und die Spannung/den Schmerz aus.

4. Geh nun mit deiner Aufmerksamkeit in dein Herz/zu deinem *Herzzentrum*. Öffne dein Herz so weit, wie es dir in diesem Moment möglich ist. Wenn es dir schwerfällt, dann denke an et-

Atmen
Mit jedem Ausatmen kannst du Altes, Verbrauchtes, Nicht-mehr-Dienliches gehen lassen. Und in dem freien Raum, der dadurch entsteht, kannst du den Einatem empfangen. Bleib so einige Zeit bei deinem Atem. Es hilft dir, ganz bei dir anzukommen. Solltest du bemerken, dass deine Gedanken/deine Konzentration abschweifen – verurteile dich nicht, sondern gehe einfach wieder mit deiner Aufmerksamkeit zum Atem zurück. Bleib so lange mit Achtsamkeit bei deinem Atem, bis du innerlich ruhig geworden bist.

was, wofür du von ganzem Herzen dankbar bist – und dein Herz wird sich öffnen. Sobald du die Liebe fühlen kannst, mache mit dem nächsten Schritt weiter.

5. *Verbindung mit Himmel und Erde:* Atme dann die Liebe aus deinem Herzen hinunter bis zu deinen Fußsohlen. Öffne deine Fußchakren in der Mitte der Fußsohlen und lass mit jedem Ausatmen Lichtwurzeln daraus wachsen, immer tiefer, immer verzweigter. Einige dicke Wurzeln, die dich halten, und viele dünne Wurzeln, die dich nähren. Lass die Liebe aus deinem Herzen durch deine Lichtwurzeln hindurchströmen und lass diese Lichtwurzeln bis zum Herzen von Mutter Erde, dem Diamanten in der Mitte der Erde, wachsen und sich dort verankern. Und nun warte, bis Mutter Erde dir ihre Liebe durch deine Wurzeln zurückschickt. Empfange die Liebe von Mutter Erde mit großer Dankbarkeit im Herzen. Lass dann die Liebe von Mutter Erde durch dich und dein Herz hindurchfließen, lass dich auffüllen, lass dich nähren. Atme dann die Liebe durch dein Herz hinauf bis zu deinem Kronenchakra (in der Mitte deines Scheitels), öffne dein Kronenchakra und lass die Liebe hinauffließen bis zum Herzen der Quelle. Warte auch hier wiederum, bis du Liebe und Licht aus dem Herzen der Quelle zurückbekommst. Lass sie in dich einströmen, durch dein Herz hindurch, hinab zu deinen Fußsohlen und bis zum Herzen von Mutter Erde. Lass die Liebe zwischen dem Herzen der Quelle und dem Herzen von Mutter Erde durch dich hindurchfließen, immer mit deinem Herzen verbunden/immer durch dein Herz hindurch, und gib dich dieser Liebe hin. Lass sie deinen gesamten physischen Körper auffüllen und, wenn du möchtest, auch in deinen emotionalen, deinen mentalen und deinen spirituellen Körper sich ausdehnen. Genieße ... lass dich reinigen und auffüllen ...

6. Geh nun in dein Herzzentrum und bitte deine Ich-bin-Gegenwart um Unterstützung (deine

Ich-bin-Gegenwart ist deine göttliche Veranlagung. Jeder Mensch trägt sie in sich und kann sie aus sich heraus entwickeln, wenn er/sie das möchte). Lass aus deiner Ich-bin-Gegenwart (sie befindet sich oberhalb deines Kopfes) nun einen goldenen Faden herabwachsen, durch dein Kronenchakra hindurch, deinen Kopf, deinen Hals bis hinunter in deinen Solarplexus. Hier lass den goldenen Faden sich ausdehnen auf eine Kugel

oder eine Sonne. Fühl die Sonne in dir, ihre Wärme, ihre Kraft, ihre Liebe, und nimm diese Qualitäten aus deiner Ich-bin-Gegenwart dankbar an. Bleib so in dieser Energie für einige Minuten oder solange du darin bleiben möchtest. Fühle dich dabei ...

7. Wenn du spürst, dass es Zeit wird, wieder in deinen Alltag zurückzukehren, bedanke dich bei deiner Ich-bin-Gegenwart. Lass diese Energie mit deinem Atem bis zum Herzen von Mutter Erde und bis zum Herzen der Quelle fließen, durch dein Herz hindurch. So kann es sich für dich verankern. Dann sieh, wie der goldene Faden wieder zurückwandert zu deiner Ich-bin-Gegenwart. Jedoch das Gefühl, das die goldene Kugel/die goldene Sonne dir geschenkt hat, das bleibt.

8. Nimm zum Abschluss noch ein paar tiefe Atemzüge und öffne die Augen nach dem dritten tiefen Atemzug. Sieh dich im Raum um, geh ein paar Schritte und fühle dich dabei. Fühle deine Mitte, deinen Atem, dich als Ganzes. Und strahle ...

Ebenso, wie bei allen anderen „Techniken" im Buch, ist es wichtig, dass die Technik *zu Ihnen passt*.

Das *Wichtigste* jedoch bei allen Formen der Begleitung/des Balancierens ist das *Herz*/die *Liebe*, das annehmende Erfühlen des Menschen/des Lebewesens in seiner Ganzheit.

Durch das Energiefeld/Bewusstsein, das kollektiv da ist, und durch unser Umfeld ist es wichtig, das, was von außen an uns herangetragen wird, auch verdauen zu können. Das auszuscheiden, was unverträglich für die eigene Entwicklung ist und das Verträgliche, Förderliche in Energie für die eigene Entwicklung zu wandeln und zu transformieren.

Das heißt, eine starke Milz/Mitte schenkt die Stabilität, alles zu wandeln, was von außen an „Nahrung", in welcher Form auch immer, in den Menschen hineingelangt, und der Mensch bleibt dennoch voll und ganz bei sich selbst, im eigenen Zentrum, der eigenen Mitte, Stabilität, Sicherheit, Geborgenheit – der eigenen *Erde* und kann diese Kraft über sein *Herz* leben.

Nur wer ganz bei sich sein kann, ist fähig,
das Du des anderen zu entdecken und zu würdigen.

Der Weg in die starke goldene Mitte ist sehr oft ein intensiver Weg. Jedoch – er lohnt sich allemal. Denn er bringt Sie in Ihr Herz, Ihre Fülle, Ihre Leichtigkeit, Ihre Sonne!

5-ELEMENTE-ERNÄHRUNG FÜR DIE MITTE

LEBENSMITTEL

- Essen Sie sonnengereiftes Obst und Gemüse (= golden, Goldenes Zeitalter).
- Verwenden Sie frische, unbelastete und naturbelassene Lebensmittel aus biologischem oder biologisch-dynamischem Anbau.
- Stellen Sie Ihren Speiseplan in Anlehnung an die Früchte der Jahreszeiten und nach dem aktuellen frischen Angebot des Wochenmarktes zusammen.
- Die Ernährung sollte hauptsächlich aus Getreide bzw. Hülsenfrüchten bestehen, ergänzt mit reichlich Gemüse und etwas Obst. Milchprodukte und tierisches Eiweiß sollten nur in Maßen verzehrt werden, ebenso Fette, Öle und Süßigkeiten.

> Lebensmittel aus regionalem, biologischem Anbau enthalten das meiste Qi, die meisten Vitamine und Mineralien und diese Lebensmittel sind in jenem Klima gereift, in dem auch Sie selbst leben. Sie nähren dadurch sich selbst, aber auch die Bauern, die Händler, die Umwelt … – eine Win-win-Situation.

ERNÄHRUNGSGEWOHNHEITEN

- Das Sprichwort „Frühstücke wie ein Kaiser, speise mittags wie ein König und abends wie ein Bettelmann" hat noch immer seine Gültigkeit und Berechtigung. Versuchen Sie, warm und ausreichend zu frühstücken, und meiden Sie insbesondere üppiges Essen nach 19:00 Uhr.
- Trinken Sie nur wenig zu den Mahlzeiten.
- Essen Sie vor der Hauptmahlzeit eine magensaftanregende Speise, z. B. eine kleine Schale würzige Suppe anstelle von Salat. Statt der klassischen Nachspeise sollten Sie ebenfalls etwas Verdauungsförderndes zu sich nehmen.
- Achten Sie auf das Prinzip der Ausgeglichenheit zwischen Yin und Yang. Vermeiden Sie Extreme. Essen oder trinken Sie weder zu viel noch zu wenig,

noch zu heiß oder zu kalt. Essen Sie ausgewogen, abwechslungsreich und von allen Geschmacksrichtungen etwas.

- Versuchen Sie Fast Food, Tiefkühlkost, Mikrowellenzubereitung, Instantgerichte, industriell verarbeitete Nahrungsmittel, Gewürzmischungen, Zucker und belegte Brote auf Ihrem Speiseplan deutlich zu reduzieren/zu streichen.

KOCHEN

- Kochen Sie im Römertopf: Dieser wird durch seine „irdene" Herkunft dem Element Erde zugeordnet. Das Kochen im Römertopf gleicht Yin und Yang aus, führt also wieder in die Mitte und baut Qi auf.
- Enden Sie beim Kochen im Zyklus mit dem Element Erde.
- Fördern Sie den Wohlgeschmack der Speisen durch bekömmliche Zubereitung sowie Verwendung von Gewürzen und frischen Küchenkräutern.

DIE 5 ELEMENTE UND IHR GESCHMACK

In der 5-Elemente-Ernährung wird jedem Element ein bestimmter Geschmack zugeordnet, der eine konkrete Wirkung auf Ihre Lebensenergie Qi hat:

Element Holz	sauer	Der saure Geschmack wirkt zusammenziehend, bewahrt die Energie.
Element Feuer	bitter	Der bittere Geschmack bewegt die Energie nach unten, hilft also der Verdauung.
Element Erde	süß	Der süße Geschmack entspannt und bewegt die Energie nach oben, hebt sie also bei Energielosigkeit und Müdigkeit an.
Element Metall	scharf	Der scharfe Geschmack bewegt die Energie nach außen (eingedrungene Kälte und/oder Krankheitserreger) und löst Stagnationen auf.
Element Wasser	salzig	Der salzige Geschmack leitet die Energie nach unten (Glaubersalz) und macht die Muskeln und Sehnen geschmeidig. Zu viel an Salz (Wurst, Käse, Gepökeltes …) verhärtet jedoch die Muskeln und trocknet den Körper aus.

Das Element Erde und seine Lebensmittel

Dem Element Erde ordnet die TCM-5-Elemente-Ernährung den süßen Geschmack zu. Mit dem süßen Geschmack verbinden die Menschen oftmals Süßes in Form von Kuchen, Schokolade etc., um sich den Alltag/das Leben „zu versüßen". Und wirklich vermittelt uns der Genuss dieser Lebensmittel für einen Moment ein Gefühl von Entspannung und Kraft. Jedoch – es ist eine nur kurz zur Verfügung gestellte Energie. Sobald Kuchen und Schokolade verdaut sind, sinkt der Energiepegel rapide und wir fühlen uns mindestens genauso leer wie zuvor.

In der TCM-5-Elemente-Ernährung meinen wir mit dem süßen Geschmack alle von Natur aus süß schmeckenden Lebensmittel wie Karotte, Kürbis, Reis, Getreide usw. Diese Süße baut langsam Lebensenergie Qi auf und gibt sie auch langsam wieder ab. Die Energie hält also länger an. Wir fühlen uns länger kräftig und gleichzeitig entspannt dabei.

Die Lebensmittel aus der folgenden Tabelle geben Ihnen einen Überblick über die wichtigsten süßen Lebensmittel, die gleichzeitig Ihre Lebensenergie Qi aufbauen und die Mitte stärken:

LEBENSMITTEL	THERMIK	GESCHMACK	WIRKUNG
Aal	wärmend	süß, fett	tonisiert Qi und Yang
Adzukibohnen	neutral	süß, salzig	stärken die Milz, Yin, Qi und Blut, trocknen Feuchtigkeit, entgiften
Ahornsirup	neutral	süß	stärkt Milz, Lunge, Magen und Leber
Anissamen	wärmend	süß, scharf	fördert die Verdauung, wärmt die Niere, transformiert Schleim
Austernpilze	neutral	süß	stärken Milz, Magen und Leber
Aprikose	neutral bis erwärmend	süß, sauer	stärkt die Mitte und die Körpersäfte
Banane	kalt	süß	tonisiert Qi, kühlt Hitze, bildet Körpersäfte
Birnendicksaft	neutral	süß	tonisiert Milz-Qi, befeuchtet Lunge und Haut
Birne	kühlend	süß	tonisiert das Qi, kühlt die Lunge, befeuchtet trockene Haut
Bohnen, grün	neutral	süß	nähren das Qi von Milz, Niere, Herz

Buchweizen	neutral bis erwärmend	süß, bitter	stärkt die Mitte, tonisiert das Qi und das Blut, löst Schleim auf
Bulgur	neutral bis kühlend	süß, sauer, leicht bitter	stärkt die Mitte
Butter	neutral bis kühlend	süß, fett	tonisiert das Qi und das Yin, beseitigt Kälte, wirkt befeuchtend, nährt die Uressenz Jing
Cashewnüsse	neutral bis kühlend	süß, fett	stärken den Magen und den Darm
Champignons	kalt	süß, fad	tonisieren und regulieren das Qi, stärken die Mitte, transformieren Schleim, beruhigen den Geist, befeuchten Trockenheit
Chinakohl	neutral bis kühlend	süß	harmonisiert die Verdauungskraft und den Magen
Datteln	neutral	süß	tonisieren das Milz-Qi, das Immunsystem und die Körpersäfte, beruhigen das Herz, gut bei Erschöpfung und Schwäche
Dill	erwärmend	leicht süß, bitter, scharf	wärmt Magen und Milz und die Nieren, beseitigt Kälte
Dinkel	neutral bis erwärmend	süß, leicht säuerlich	stärkt das Milz-Qi, ebenso die Leber und das Herz, nährt die Körpersäfte
Ente	neutral bis kühlend	süß, leicht salzig	tonisiert das Qi, befeuchtet Trockenheit, Magen stärkend
Erbsen, gelb	neutral	süß	stärken Milz und Magen, entgiften
Erbsen, grün	neutral bis kühlend	süß	beleben das Qi, stärken Milz und Magen, entgiften
Erdbeere	leicht kühlend	süß, sauer	stärkt die Lebensenergie Qi, beseitigt Kälte, harmonisiert Leber und Nieren, bildet Körpersäfte, hilft dem Yang
Erdnussbutter/-öl	neutral	süß, fett	nährt die Mitte, stärkt das Qi
Erdnüsse	neutral bis erwärmend	süß, fett	nähren die Mitte, stärken das Qi, harmonisieren den Magen
Fasan	erwärmend	süß, scharf	stärkt und nährt die Mitte
Feige frisch	neutral bis erwärmend	süß	stärkt die Mitte, befeuchtet, tonisiert das Qi und den Magen, entgiftet
Fenchel	erwärmend	süß, scharf, leicht salzig	harmonisiert die Mitte und die Verdauungskraft, hilft Schleim auszuscheiden
Fenchelsamen	heiß	süß, leicht scharf	beseitigt Kälte, harmonisiert den Magen, unterstützt die Verdauung
Forelle	neutral bis erwärmend	süß, salzig	harmonisiert die Mitte, wärmt Magen, Milz und Nieren, vertreibt Kälte

Gans	neutral	süß	stärkt das Milz-Qi und harmonisiert den Magen
Gemüsebohnen	neutral	süß	nähren die Lebensenergie Qi und das Blut, stärken die Nieren, wirken ausleitend
Gerste	kühlend	süß	harmonisiert den Magen, entgiftet, beseitigt Hitze, befeuchtet Trockenheit, nährt das Yin
Ghee	neutral	süß, fett	nährt das Qi und das Blut, nährt auch die Uressenz Jing, befeuchtet
Grünkern	neutral	süß, leicht sauer	tonisiert das Milz- und Magen-Qi und fördert die Verdauung
Hafer	neutral bis erwärmend	süß, leicht bitter	stärkt das Qi und die Nerven, trocknet Feuchtigkeit, stärkt die Mitte
Haselnüsse	neutral bis erwärmend	süß, leicht bitter, fett, sauer	stärkt Milz und Nieren
Hirsch	erwärmend	süß, scharf	stärkt Qi und Yang, ebenso die Uressenz Jing
Hirse	neutral bis erwärmend	süß, leicht salzig	stärkt die Mitte, alkalisiert, trocknet Feuchtigkeit, transformiert Schleim
Honig	neutral	süß	nährt die Mitte, befeuchtet, entgiftet
Huhn	erwärmend	süß, leicht scharf	unterstützt und wärmt die Mitte, nährt die Uressenz Jing, ergänzt das Knochenmark, beseitigt Kälte
Käse aus Schafs- und Ziegenmilch	erwärmend	leicht süß, scharf, salzig	nährt das Yin, wärmt die Mitte
Kalb	neutral	süß	nährt das Milz-Qi, stärkt die Mitte
Kamille	neutral	süß, leicht bitter	unterstützt und harmonisiert die Verdauung
Karotte	neutral	süß, leicht salzig	stärkt die Milz
Karpfen	neutral	süß, leicht salzig	leitet Feuchtigkeit aus, tonisiert Magen und Milz
Kartoffel	neutral	süß	stärkt Milz- und Magen-Qi, trocknet Feuchtigkeit, entgiftet
Kasha (gerösteter Buchweizen)	leicht erwärmend	süß, leicht bitter	löst und trocknet Schleim und Feuchtigkeit, nährt Herz, Kreislauf und Milz
Kastanie (Maroni)	erwärmend	süß, leicht salzig	stärkt Milz, Magen und Nieren, stärkt Muskeln und Sehnen, beseitigt Kälte
Kichererbsen	neutral bis kühlend	süß, salzig	tonisieren Milz- und Nieren-Qi
Kirsche	erwärmend	süß, leicht salzig	stärkt die Milz, befeuchtet jedoch auch die Milz, tonisiert die Mitte
Kohl	neutral bis erwärmend	süß, scharf, salzig	stärkt die Verdauungskraft, tonisiert die Mitte
Kohlrabi	kühlend bis neutral	süß, scharf	beseitigt Kälte, trocknet Feuchtigkeit
Kümmel	erwärmend	süß, scharf, salzig	fördert die Verdauung
Kürbis	neutral bis erwärmend	süß	nährt die Mitte und trocknet Feuchtigkeit, vertreibt Kälte

Lamm	erwärmend bis heiß	süß, bitter	stärkt und nährt die Mitte und die Nieren, wärmt die Mitte, hilft der Uressenz Jing
Mais	neutral bis erwärmend	süß	stärkt das Qi und die Mitte
Paprika (Gewürz mild)	neutral bis erwärmend	süß, leicht bitter	regt die Verdauungskraft an
Paranüsse	neutral	süß, leicht bitter, fett	stärken die Milz und die Lunge
Pastinake	neutral bis erwärmend	süß, bitter, scharf	reguliert den Magen und die Verdauungskraft
Quinoa	neutral	süß, leicht bitter, salzig	vertreibt Kälte, unterstützt die Mitte
Reis	neutral	süß	belebt das Qi, stärkt die Mitte, unterstützt die Ausscheidung schlechter Flüssigkeiten, beseitigt Durchfall
Rind	neutral bis erwärmend	süß	trocknet Feuchtigkeit, belebt das Qi von Magen und Milz, stärkt Muskeln, Sehnen und Knochen
Roggen	neutral	süß, leicht bitter	nährt und stärkt die Lebensenergie Qi und trocknet Feuchtigkeit
Rosinen	neutral bis erwärmend	süß	stärken Immunsystem und den Willen, tonisieren das Qi, stärken Muskeln, Sehnen und Knochen
Rote Rüben (Rote Beete)	kühlend	süß, bitter	wirken regulierend auf Milz- und Magen-Qi, tonisieren das Qi
Salat (Blattsalat)	kühlend bis kalt	süß, bitter	kühlt Hitze und trocknet Feuchtigkeit
Schafsmilch	neutral bis erwärmend	süß	nährt das Qi, befeuchtet Darm und Haut, erwärmt Magen und Milz, kühlt den restlichen Körper
Sellerie	neutral bis kühlend	süß, scharf, leicht bitter	nährt das Qi, trocknet Feuchtigkeit, bildet Yin
Shiitake-Pilze	neutral	süß	lösen Schleim und Feuchtigkeit auf, tonisieren das Qi der Mitte, der Nieren, des Immunsystems
Sojabohnen	neutral bis kühlend	süß, salzig	stärken Milz und Nieren, öffnen die Mitte, beseitigen Wasseransammlungen, entgiften
Süßkartoffel	neutral bis erwärmend	süß	baut Qi auf, nährt die Mitte, fördert die Darmperistaltik
Tofu	kühlend	süß, leicht salzig	leitet Hitze aus, tonisiert das Milz-Qi, die Mitte und die Bauchspeicheldrüse
Topinambur	neutral	süß	stärkt die Milz
Vanille	erwärmend bis neutral	süß	wirkt mild stärkend auf Milz und Bauchspeicheldrüse, trocknet Feuchtigkeit
Vollrohrzucker	erwärmend	süß	tonisiert Milz- und Magen-Qi, bei Energiemangel
Ziege	erwärmend bis heiß	süß, bitter, leicht salzig	stärkt Milz und Nieren
Zwiebel	kühlend	süß, scharf	stärkt die Mitte/den Magen, vertreibt Kälte, löst Schleim

Übergewicht resultiert sehr oft auch aus einer schwachen Mitte, einhergehend mit Feuchtigkeit. Um wirklich nachhaltig und auch ohne Verzicht, sondern mit vollem Genuss Gewicht zu reduzieren ist es wichtig, die Mitte zu stärken und die folgenden Tipps zu beherzigen:

Gewichtsreduktion

Um nachhaltig Gewicht zu verlieren, ist es wichtig, *Scharfes* (Element Metall) und *Bitter-Warmes* (Element Feuer), *Neutrales* und *Kühles* vermehrt in den Speiseplan einzubauen, denn diese Lebensmittel wirken trocknend und reduzieren damit Gewicht! Konzentrieren Sie sich auf die Lebensmittel des Elements Erde und von den übrigen Elementen wählen Sie bevorzugt neutrale und warme Lebensmittel.

Beim Kochen empfehle ich die yangisierende Methode. Würzen Sie mit vielen Kräutern, um die Verdauungskraft zu stärken. Als Ausgleich zu so viel Yang können Sie speziell abends eine Suppe als yinisierende Mahlzeit einbauen.

Yin- und Yang-Geschmäcker der Elemente:

Yin-aufbauende Elemente:	Holz, Feuer und Wasser
Yang-aufbauende Elemente:	Erde und Metall

Das heißt für Sie: Wenn Sie im Zyklus kochen und z. B. mit einem Lebensmittel oder Gewürz aus dem Element Holz enden, stärken Sie damit Leber, Gallenblase und auch Ihr Yin, und fördern damit die Gewichtszunahme (desgleichen bei Feuer und Wasser). Enden Sie beim Zykluskochen dagegen mit Erde oder Metall, so stärken Sie Ihr Yang, also Ihr Abnehmen. Sie können innerhalb dieser Elemente entscheiden, ob Sie mit einem kühlenden Lebensmittel (= Yin) oder mit einem wärmenden (= Yang) enden.

Es gibt Lebensmittelkombinationen, die unserem Organismus schaden, die toxisch (giftig) sind. Die Folge davon können u. a. Entzündungen im Körper sein, aber auch Blockaden, Stagnation, Feuchtigkeit. *Und Feuchtigkeit entspricht einer Gewichtszunahme! Vermeiden Sie bitte:*

- Milchprodukte, gepaart mit scharf-heißen Lebensmitteln und/oder Gewürzen, z. B. das allseits beliebte Joghurt mit Knoblauch (führt zu feuchter Hitze = Verschlackung mit Begünstigung von Entzündungsherden)
- Fisch mit Käse oder anderen Milchprodukten (Lachs in Sahnesoße!)
- Fleisch und Fisch als Hauptspeise, gefolgt von einer süßen Nachspeise
- Joghurt mit Früchten, v. a. Zitrusfrüchten, und mit Müsli (schwer verdaulich!)
- Kaffee mit Milch oder Schlagobers (helfen könnte hier eine Prise Kardamom oder Muskat; besser jedoch, wenn Kaffee, dann schwarz genossen!)
- Beginnen Sie mit einem warmen Essen und enden Sie niemals mit Eis/thermisch kaltem Obst: Das führt zu Nahrungsmittelstagnation und Feuchtigkeit (breiiger Stuhl, Völlegefühl, Müdigkeit, Blähungen, Gewichtszunahme ...).

Nun geht es darum,
das Wissen auf „den Teller" zu bringen:

1. Sie müssen nicht sofort alle Speisen nach der 5-Elemente-Lehre kochen. Setzen Sie um, was Ihnen jetzt im Moment am leichtesten fällt. Beginnen Sie z. B. mit dem Frühstück oder mit dem Abendessen. Oder verändern Sie ein Gericht, indem Sie z. B. ein bisschen Getreide daruntermischen. So erhält die Speise bereits eine andere Wirkung.
2. Im Zyklus zu kochen erfordert anfangs einiges an Konzentration. Aber Sie energetisieren Ihre Speisen und erhöhen damit Ihre eigene Energie!
3. Wichtig jedoch bei all diesem Wissen, das Sie nun haben: *Genießen Sie!*

Tipp zum Zykluskochen:
Sollten Sie während des Kochens ein Element übersehen oder sollte noch etwas fehlen, können Sie im Zyklus ein Element zurückgehen. Beispiel: Sie sind beim Element Holz angelangt und möchten noch eine Spur salzen (= Element Wasser). Gehen Sie ein Element zurück, indem Sie der Speise Salz zufügen. Um danach wieder in den Zyklus zu kommen, fügen Sie eine Prise eines Gewürzes oder Lebensmittels aus dem Element Holz hinzu und fahren fort mit Feuer, Erde ... .

Wenn ich auf einen gesunden Leib bedacht bin,
muss ich mich um gesunde Gedanken kümmern.
Und umgekehrt kann ich nicht erwarten,
dass mein Geist klar ist,
wenn ich meinen Körper mit Essen vollstopfe.

Anselm Grün

REZEPTTEIL

Im nun folgenden Teil meines Buches geht es darum, den Körper mit den bestmöglichen Zutaten und Speisen zu stärken und ihn in die Mitte zu bringen.

Alle verwendeten Lebensmittel, Kräuter und Gewürze stammen aus biologischem Anbau, vom Wochenmarkt oder aus regionaler, im Einklang mit der
Erde geführten Landwirtschaft. Denn Lebensmittel sind für Ihren Körper wie
der Treibstoff für ein Auto:
- je hochwertiger die Zutaten,
- je mehr die Speisen mit dem Rhythmus der Natur gehen
  (im 5-Elemente-Zyklus),
- je mehr die Gerichte zu Ihnen passen und
- je stärker und stabiler Ihre Mitte wird,
umso mehr können Sie die wertvollen Zutaten auch verwerten = verstoffwechseln und als Energie für sich empfangen und wieder einsetzen.

Ich wünsche Ihnen beim Nachkochen viel Wertschätzung dem Lebensmittel,
der Natur und den Menschen gegenüber, die es ermöglicht haben, dass dieses
Lebensmittel Sie *jetzt* nähren kann. Und ich wünsche Ihnen viel Freude und
Genuss beim Essen!

DINKELFRÜHSTÜCK

Zubereitung:

- Herd einschalten [F].
- Geben Sie die Reismilch [En] in einen Topf und bringen Sie sie mit dem Dinkel [Ew], den Nüssen [En], den Sultaninen [Ew], den Goji-Beeren [En], mit Zimt [Mw] und Kardamom [Mw] zum Kochen. Schalten Sie nun auf kleine Flamme.
- Fügen Sie das Salz [Ww] zu, ebenso die Preiselbeeren [Hkü], den Kakao [Fw] und die Kokosflocken [Ew].
- Süßen Sie mit Ahornsirup [En] und lassen Sie das Frühstück eindicken.
- Schalten Sie die Platte aus und lassen Sie das Ganze für ca. 5 Minuten zugedeckt ziehen.
- Mit Früchten der Saison garniert servieren.

Zutaten:

2 gehäufte EL Dinkel,
grob geschrotet
¼ l Reismilch
1 EL Walnüsse oder
Haselnüsse
1 EL Sultaninen
1 EL Goji-Beeren
1 Prise Zimt
1 Kapsel Kardamom, fein
gemörsert
1 Prise Meersalz
1 EL Preiselbeeren,
getrocknet
1 TL dunkler Kakao, schwach
entölt
1 EL Kokosflocken
1 EL Ahornsirup
Früchte der Saison, z. B.
Marille [Ew], Heidelbeere
[Ekü], Himbeere [Ekü]

TIPP:
Dinkel wirkt neutral bis erwärmend und stärkt das Milz-Qi, ebenso die Leber und das Herz, nährt die Körpersäfte. In seiner Wirkung ist Dinkel seinem Verwandten, dem Weizen, ähnlich, jedoch meist bekömmlicher.

Wirkung:
stärkt die Mitte, leicht verdaulich, entgiftend, Körpersäfte aufbauend, Trockenheit ausgleichend, ein Frühstück für das Frühjahr und den Sommer oder bei Trockenheit

H = Holz I F = Feuer I E = Erde I M = Metall I W = Wasser
n=neutral I w=warm I h=heiß I kü=kühl I ka=kalt ➲ z. B. Hkü = Holz kühl

HAFERFLOCKEN-FRÜHSTÜCK

Zubereitung Frühstück:

- Geben Sie den Sesam [Wn], die Preiselbeeren [Hn], die gehackten Mandeln [Fw] und die Haferflocken [Fw] in eine Pfanne, schalten Sie den Herd ein [F]und fügen Sie die Goji-Beeren [En] zu.
- Rösten Sie die Masse bei ständigem Umrühren für ca. 5 Minuten gut durch (kurz auf großer Flamme, dann auf kleiner Flamme, damit nichts anbrennt!).
- Schalten Sie den Herd aus, fügen Sie Öl [En], Honig [Ew] und Zimt [Mh] hinzu und vermengen Sie alles gut mit den restlichen Zutaten. Anschließend 5 Minuten durchziehen lassen.

Zutaten Frühstück:

8 geh. EL Haferflocken

2 EL Mandeln, grob gehackt

2 EL Preiselbeeren, getrocknet

1 EL Goji-Beeren

2 EL schwarzer Sesam

2 EL gutes Öl (z. B. Hanföl, Arganöl, Sesamöl oder Butter)

2 EL Honig oder Agavendicksaft

½ TL Zimt

Zubereitung Zwetschkenkompott:

- Geben Sie das Nelkenpulver [Mw], Zimt [Mh], Salz [Ww] und das Wasser [W] in einen Topf.
- Fügen Sie den Zitronensaft [Hkü], die geriebene Zitronenschale [Fw], die fein geschnittenen Datteln [En] und das Vanillepulver [Ew] hinzu und lassen Sie alles für ca. 15–20 Minuten kochen.
- Schalten Sie den Herd aus und fügen Sie die halbierten Zwetschken [En] hinzu, die Sie für ca. 5 Minuten in der Flüssigkeit ziehen lassen.
- Mit Haferflocken-Frühstück garniert servieren.

Zutaten Kompott:

250 g Zwetschken

1 Msp. Vanillepulver (Mark)

1 Msp. Nelken, gemahlen

Zitronenschale, gerieben

¼ l Wasser, Saft ½ Zitrone

1 EL Datteln, fein geschnitten

1 Prise Meer- oder Steinsalz

Wirkung:
aufbauend bei Erschöpfungszuständen und/oder bei Rekonvaleszenz, nährt Herz, Körper und Geist; durch die Zwetschken nährend für die Mitte und die Nieren, säfteaufbauend (Yin)

TIPP Haferflocken:
Hafer ist besonders empfehlenswert bei Schwächezuständen des Körpers und des Geistes (Konzentration) und dadurch bedingter Unruhe. Allerdings sollten Sie Hafer meiden, wenn dies aus einem Übermaß an Energie herrührt („wenn Sie der Hafer gestochen hat").

H = Holz I F = Feuer I E = Erde I M = Metall I W = Wasser
n=neutral I w=warm I h=heiß I kü=kühl I ka=kalt ➲ z. B. Hkü = Holz kühl

HASELNUSS-POLENTA-FRÜHSTÜCK

Zubereitung:

- Geben Sie die Haselnussmilch [Ew] in einen Topf, schalten Sie den Herd ein [F] und erwärmen Sie die Haselnussmilch.
- Fügen Sie die klein geschnittenen, getrockneten Aprikosen [Ew] zu und lassen Sie sie für ca. 10 Minuten in der Milch ziehen.
- Lassen Sie die Polenta [En] unter ständigem Rühren in die Milch einrieseln, fügen Sie Vanille [Ew], Zimt [Mw] und Salz [Ww] zu, schalten Sie den Herd aus und lassen Sie das Ganze zugedeckt für ca. 10 Minuten weiter ziehen.
- Zum Schluss mengen Sie Sesam [Hw], Kakao [Fw] und die Haselnüsse [Fw] unter die Masse.
- Schneiden Sie die Banane [Eka] und den Apfel [Ekü] – oder das Obst der Saison – in dünne Schnitten bzw. kleinwürfelig und mengen Sie sie unter das Frühstück.

Zutaten:

⅛ l Polenta, grob

350–400 ml Haselnussmilch

(aus dem Biomarkt)

1 Prise Vanillepulver (Mark)

1 Msp. Zimt

1 Prise Meer- oder Steinsalz

4 Aprikosen, getrocknet und

fein geschnitten

1 EL weißer Sesam,

ungeschält

1 TL Kakao, schwach entölt

(= Bitterkakao)

1 EL Haselnüsse, grob

gehackt

1 Banane

1 Apfel

oder Obst der Saison

TIPP:
Wenn Sie Kompotte eingemacht haben, können Sie dieses Frühstück auch wunderbar z. B. mit einem Zwetschken-kompott servieren.
Durch das Mitkochen der Aprikosen erhält das Frühstück eine natürliche Süße und Sie sparen sich das Süßen mit Zucker!
Sollten Sie Haselnüsse nicht vertragen können Sie auch Mandeln und Mandel-milch verwenden.

Wirkung:
stärkt und wärmt die Mitte, baut Qi und Yin auf, nährend

H = Holz I F = Feuer I E = Erde I M = Metall I W = Wasser
n=neutral I w=warm I h=heiß I kü=kühl I ka=kalt ➜ z. B. Hkü = Holz kühl

KOKOSREIS-FRÜHSTÜCK

Zubereitung:

- Geben Sie die Kokosmilch [Ew] in einen Topf und schalten Sie den Herd ein [F].
- Fügen Sie den Vollkorn-Rundkornreis [En], die Prise Vanille [Ew] und die Messerspitze Zimt [Mw] zu und lassen Sie das Ganze zugedeckt auf kleiner Flamme für ca. 20 Minuten leicht köcheln.
- Nun geben Sie das heiße Wasser [W], die getrockneten Preiselbeeren [Hkü] und die getrockneten Orangen- oder Zitronenschalen [Fw] hinzu und lassen alles für ca. 20 Minuten zugedeckt köcheln.
- Am Ende der Garzeit fügen Sie den schwarzen Sesam [En] und den Agavendicksaft [Ew] zu.
- Schneiden Sie die Banane [Eka] in dünne Schnitten oder auch kleinwürfelig und mengen Sie sie unter das Frühstück, ebenso die grob gehackten Maroni [Ew]. Auf Wunsch können Sie Ihr Frühstück z. B. mit einem Esslöffel Erdbeermarmelade [En] mit ganzen Stücken verfeinern.

TIPP:
Sie können dieses Frühstück am Vorabend in doppelter Menge vorbereiten und am nächsten Morgen die gewünschte Portion mit etwas Wasser oder Kompottsaft erwärmen (der Rest hält sich im Kühlschrank für 2–3 Tage). Das lässt sich dann auch leicht in den Arbeitsalltag integrieren.
Rundkornreis stärkt die Mitte, Langkornreis die Lunge.

Zutaten:

⅛ l Vollkorn-Rundkornreis
200 ml Kokosmilch
1 Prise Vanillepulver (Mark)
1 Msp. Zimt
⅛ l heißes Wasser
1–2 EL Preiselbeeren, getrocknet
1 EL schwarzer Sesam
1 Msp. Orangen- oder Zitronenschalen, getrocknet
1 EL Agavendicksaft
1 EL Maroni, grob gehackt
1 Banane
1 EL Erdeermarmelade mit ganzen Stücken

TIPP:
Sollte sich bei der Kokosmilch das Kokosfett bereits abgesetzt haben, können Sie dieses sowohl zum Braten als auch zum Eincremen verwenden.

Wirkung:
stärkt und wärmt die Mitte, baut Qi auf, nährend

H = Holz I F = Feuer I E = Erde I M = Metall I W = Wasser
n=neutral I w=warm I h=heiß I kü=kühl I ka=kalt ➲ z. B. Hkü = Holz kühl

APFEL-SELLERIE-CREMESUPPE

Zubereitung:

- Füllen Sie das Wasser in einen Topf, geben Sie die Suppenwürze [Hn] zu, schalten Sie den Herd ein [F] und bringen Sie die Suppe zum Kochen.
- Geben Sie nun die würfelig geschnittenen Kartoffeln [En], die gewürfelten Äpfel (mit der Schale) [Ekü], den würfelig geschnittenen Sellerie [Mn], das Zitronengras [Mh] und das Nelkenpulver [Mw] sowie das Salz [Ww] hinein.
- Nun fügen Sie noch den Zitronensaft [Hkü] und den Kurkuma [Fkü] zu und kochen die Suppe für ca. 10–15 Minuten bzw. so lange, bis die Kartoffeln und der Sellerie weich sind.
- Mixen Sie nun die Suppe mit einem Pürierstab, ziehen die Soja Cuisine [Ekü] unter und servieren Sie sie mit Petersilie [En] oder Kresse [Mn].

Rezept Gemüse-Kraftsuppe:

3 l Wasser [W] mit 3 EL Grünkern [Hn] und 3 EL Roggen [Fn] zum Kochen bringen [Fn], 4 Karotten zugeben [En] 1 kleine Sellerieknolle [Mn], 1 Kohlrabi [Mkü] und 1 weißen Rettich [Mn], je 1 TL Bohnenkraut [Mw] und getrocknetes Basilikum [Mw], 1 Stange Lauch [Mw], 1 Stück Ingwer mit der Schale [Mw] und 1 Zwiebel mit der Schale [Mkü] nacheinander in die Flüssigkeit geben, mit 3 EL Meersalz würzen [Ww]. Anschließend Petersilie bzw. Petersilwurzel [Hn] zufügen. 5 bis 6 Wacholderbeeren [Fh], je 1 TL Kurkuma [Fkü] und Fenchel [Ew] beimengen und 2 bis 4 Stunden köcheln lassen. Durch ein Sieb abseihen, da das Gemüse nach dem langen Auskochen kein Qi mehr enthält.

Zutaten:

1 l Wasser

2 EL Suppenwürze (Statt Wasser und Suppenwürze können Sie natürlich auch 1 l Kraftsuppe verwenden [En].)

2–3 mittlere Kartoffeln, würfelig geschnitten

350 g Sellerie, würfelig geschnitten

2 Äpfel mit roter Schale, würfelig geschnitten

½ TL Zitronengras, getrocknet

1 Prise Nelkenpulver

1 TL Meer- oder Steinsalz

1 TL Zitronensaft

1 Prise Kurkuma

250 ml Soja Cuisine

frische Petersilie, fein gehackt oder Kresse zum Garnieren

Wirkung:

Feuchtigkeit trocknend, die Mitte stärkend, Leber- und Magenhitze kühlend, Yin aufbauend, eine Suppe für Herbst und Winter

H = Holz I F = Feuer I E = Erde I M = Metall I W = Wasser
n=neutral I w=warm I h=heiß I kü=kühl I ka=kalt ➲ z. B. Hkü = Holz kühl

CHAMPIGNONCREMESUPPE

Zubereitung:

- Füllen Sie das Wasser in einen Topf, geben Sie die Suppenwürze [Hn] zu, schalten Sie den Herd ein [F] und bringen Sie die Suppe zum Kochen.
- Geben Sie nun die würfelig geschnittenen Kartoffeln [En], die blättrig geschnittenen Champignons [Eka], die fein gehackte Knoblauchzehe [Mh] und den Majoran [Mw] sowie den Kümmel [Ww] und die Prise Salz [Ww] zu.
- Kochen Sie die Suppe für ca. 10–15 Minuten bzw. so lange, bis die Kartoffeln weich sind.
- In der Zwischenzeit verrühren Sie die Soja Cuisine [Hkü] mit dem Kerbel [Hn], dem Kurkuma [Fkü] und dem Kuzu [Eka].
- Wenn die Kartoffeln weich sind, rühren Sie die Soja-Cuisine-Mischung unter die Suppe, lassen sie noch einmal kurz (1 Minute) aufkochen und geben die Suppe vom Herd.
- Mengen Sie nun noch fein gehackte Petersilie [En] unter und servieren Sie die Suppe mit ganzen Blättern Petersilie [En] oder Kresse [Mn] bestreut.

Zutaten:

1 l heißes Wasser
2 EL Suppenwürze
2–3 mittlere Kartoffeln,
würfelig geschnitten
250 g Champignon, blättrig
geschnitten
1 kleine Zehe Knoblauch
1 TL Majoran
1 Prise Kümmel, gemahlen
1 Prise Meer- oder Steinsalz
250 ml Soja Cuisine
1 Prise Kerbel, getrocknet
1 gehäuften EL Kuzu
(japanische Stärke)
1 Prise Kurkuma
frische Petersilie, fein gehackt
oder frische Kresse

TIPP:
Selbstverständlich können Sie z. B. auch Austernpilze verwenden. Die Suppe wirkt dann noch stärkender für die Mitte und weniger kühlend, kann also durchaus auch im Herbst und Winter genossen werden.

Wirkung:
säfteaufbauend, entgiftend, die Mitte stärkend, eine Suppe für Frühjahr und Sommer

H = Holz | F = Feuer | E = Erde | M = Metall | W = Wasser
n=neutral | w=warm | h=heiß | kü=kühl | ka=kalt ➲ z. B. Hkü = Holz kühl

KAROTTENSUPPE

Zubereitung:

- Stellen Sie einen größeren Topf zu und schalten Sie den Herd ein [F].
- Geben Sie das Olivenöl [Ekü] (nicht über 100 Grad erhitzen) und die fein geschnittene Gemüsezwiebel [Mkü] hinein und rösten Sie alles ca. 3–5 Minuten gut durch (die Zwiebel bekommt dadurch einen süßen Geschmack und wird wieder dem Element Erde zugeordnet).
- Fügen Sie nun die Karotten [En] und die Kartoffeln [En] hinzu, ebenso die Lorbeerblätter [Mw] und Kumin [Mw] und rösten Sie alles nochmals leicht durch.
- Gießen Sie nun mit heißem Wasser [W] auf und rühren sie die Suppenwürze [Hn] gut unter. Danach fügen Sie das Tomatenmark [Hkü] zu, ebenso den fein geschnittenen Staudensellerie [Hkü] und den Zitronensaft [Hkü].
- Schmecken Sie mit Rosmarin [Fw] ab und lassen Sie die Suppe ca. 15–20 Minuten leicht köcheln.
- Danach mixen Sie mit dem Pürierstab gut durch, ziehen Soja Cuisine [Ekü] unter und servieren die Suppe, mit Kresse [Mn] garniert, in Schalen.

Zutaten:

1 l heißes Wasser
2 EL Suppenwürze
2–3 mittlere Kartoffeln
(wahlweise auch
Süßkartoffeln)
350 g Karotten, in Scheiben
geschnitten
2 Stangen Staudensellerie,
fein geschnitten
2 TL Tomatenmark
1 TL Zitronensaft
1 Prise Rosmarin
2 Lorbeerblätter (frisch oder
getrocknet)
½ TL Kumin (Kreuzkümmel)
1 mittlere Gemüsezwiebel,
feinwürfelig geschnitten
250 ml Soja Cuisine
2–3 EL Olivenöl
Kresse, frisch

Wirkung:
stärkt die Mitte, tonisiert das Qi, für Kräfteaufbau z. B. nach Krankheit, entgiftend

---

H = Holz | F = Feuer | E = Erde | M = Metall | W = Wasser
n=neutral | w=warm | h=heiß | kü=kühl | ka=kalt ➲ z. B. Hkü = Holz kühl

LAUCHCREMESUPPE

Zubereitung:

- Füllen Sie das Wasser in einen Topf, geben Sie die Suppenwürze [Hn] zu, schalten Sie den Herd ein [F] und bringen Sie die Suppe zum Kochen.
- Geben Sie nun die würfelig geschnittenen Kartoffeln [En], den fein geschnittenen Lauch [Mw] und Liebstöckel (Maggikraut) [Mw] sowie Kümmel [Ww], Salz [Ww], Dill [Hw] und Kurkuma [Fkü] zu.
- Kochen Sie die Suppe für ca. 10–15 Minuten bzw. so lange, bis die Kartoffeln weich sind.
- Wenn die Kartoffeln weich sind, geben Sie die Suppe vom Herd und pürieren sie mit dem Stabmixer.
- Zum Abschluss mengen Sie noch die Soja Cuisine [Ekü] unter die Suppe und garnieren sie mit Rosen- oder Ringelblumenblüten [En].

Zutaten:

1 l heißes Wasser

2 EL Suppenwürze

2–3 mittlere Süßkartoffeln, würfelig geschnitten

1 große Stange Lauch, fein geschnitten

1 TL Liebstöckel (oder

1 Rispe frisches Kraut)

1 Msp. Kümmel, gemahlen

1 Msp. Meer- oder Steinsalz

1 Prise Dill

1 Msp. Kurkuma

250 ml Soja Cuisine

Rosen- oder Ringelblumenblätter zum Garnieren

Wirkung:
wärmend, Kälte vertreibend, Qi-bewegend, die Mitte und das Nieren-Yang stärkend, eine Suppe für die kühle und kalte Jahreszeit

H = Holz I F = Feuer I E = Erde I M = Metall I W = Wasser
n=neutral I w=warm I h=heiß I kü=kühl I ka=kalt ➲ z. B. Hkü = Holz kühl

PETERSILWURZELSUPPE

Zubereitung:

- Füllen Sie das Wasser in einen Topf, geben Sie die Suppenwürze [Hn] zu, schalten Sie den Herd ein [F] und bringen Sie die Suppe zum Kochen.
- Geben Sie nun die würfelig geschnittenen Kartoffeln [En], die würfelig geschnittenen Petersilwurzeln [En], den fein gehackten Ingwer [Mh] und den Thymian [Mw] sowie den Kümmel [Ww] und die Prise Salz [Ww] zu.
- Nun fügen Sie noch die Petersilie [Hn] und den scharfen Paprika [Fw] hinzu und kochen die Suppe für ca. 10–15 Minuten bzw. so lange, bis die Kartoffeln und die Wurzeln weich sind.
- In der Zwischenzeit rösten Sie die Kürbiskerne in einer Pfanne ohne Fett ca. 5 Minuten unter ständigem Umrühren und hacken sie danach in grobe Stücke. Die Karotten stifteln Sie fein.
- Wenn die Kartoffeln und die Wurzeln weich sind, mixen Sie die Suppe mit einem Pürierstab und ziehen die Soja Cuisine [Ekü] unter.
- In Suppentellern oder -schalen servieren und mit den fein gestiftelten Karotten [En] und den Kürbiskernen [En] bestreuen.

Zutaten:

1 l Wasser

2 EL Suppenwürze (alternativ können Sie natürlich auch 1 l Kraftsuppe [En] verwenden; Rezept siehe S. 93)

2–3 mittlere Kartoffeln, klein geschnitten

350 g Petersilwurzel, klein geschnitten

1 dünne Scheibe frischen Ingwer

1 Prise Thymian

1 Prise Kümmel, gemahlen

1 Prise Meer- oder Steinsalz

1 TL Petersilie, getrocknet

250 ml Soja Cuisine

1 Prise Paprika, scharf

1 EL Kürbiskerne, geröstet und grob gehackt

1 Karotte, fein gestiftelt oder geraspelt

Wirkung:

Nieren-Yin tonisierend, harntreibend, entgiftend, die Mitte stärkend, eine Suppe für Herbst und Winter

H = Holz | F = Feuer | E = Erde | M = Metall | W = Wasser
n=neutral | w=warm | h=heiß | kü=kühl | ka=kalt ➲ z. B. Hkü = Holz kühl

ROTE-RÜBEN-SUPPE

Zubereitung:

- Stellen Sie Wasser zu [W], geben Sie Salz [Ww] und Suppenwürze hinein [Hn] und schalten Sie den Herd ein [F].
- Fügen Sie die geschälten und klein geschnittenen Roten Rüben [Fkü] und die klein geschnittenen Kartoffeln [En] bei, ebenso ½ TL Zitronengras [Mw-h], den klein geschnittenen Ingwer [Mw] und 1 Prise Kümmel [Ww].
- Die Suppe ca. 45 Minuten auf kleiner Flamme köcheln lassen. Wenn die Roten Rüben weich sind, alles mit dem Pürierstab mixen, sodass eine cremige Suppe entsteht.
- Mengen Sie nun die fein geschnittene Petersilie [Hn] und den Galgant [Fh] unter die Suppe.
- Servieren Sie sie in Suppentellern oder Suppenschalen, ziehen Sie mit Soja Cuisine [Ekü] feine weiße Linien in die Suppe und garnieren Sie die Suppe mit einem Petersilienblatt [En] in der Mitte.

Zutaten:

1 l Wasser

1 EL Salz (Meer-, Stein- oder Ursalz)

1 EL Suppenwürze

350 g Rote Rüben, geschält und möglichst klein geschnitten

2 große Kartoffeln (wahlweise auch Süßkartoffeln)

½ TL Zitronengras, getrocknet

2 hauchdünne Schnitten frischer Ingwer, ganz fein geschnitten

1 Msp. Kümmel, gemahlen

frische Petersilie, fein gehackt

1 Prise Galgant
oder Paprika, scharf

Soja Cuisine

Wirkung:
nährt das Qi und stärkt die Mitte, öffnet die Meridiane, eine Suppe für die kühle bis kalte Jahreszeit

H = Holz | F = Feuer | E = Erde | M = Metall | W = Wasser
n=neutral | w=warm | h=heiß | kü=kühl | ka=kalt ➲ z. B. Hkü = Holz kühl

103

WEISSE-RETTICH-SUPPE

Zubereitung:

- Füllen Sie das Wasser in einen Topf, geben Sie die Suppenwürze [Hn] zu, schalten Sie den Herd ein [F] und bringen die Suppe zum Kochen.
- Geben Sie nun die würfelig geschnittenen Kartoffeln [En], den fein geschnittenen Rettich [Mn] und den Curry [Mh], sowie Kümmel [Ww] und Salz [Ww] hinein.
- Kochen Sie die Suppe für ca. 10–15 Minuten bzw. so lange, bis die Kartoffeln und der Rettich weich sind.
- Geben Sie dann die Suppe vom Herd und pürieren Sie sie mit dem Stabmixer.
- Fügen Sie schwarzen Sesam [Hn] und scharfen Paprika [Fw] bei. Zum Abschluss mengen Sie noch die Soja Cuisine [Ekü] unter.
- Servieren Sie die Suppe in kleinen Schalen und garnieren Sie sie mit Blütenblättern wie Rosen- oder Ringelblumenblüten oder frischer Kresse, einem Blatt Spitzwegerich, frisch gehacktem Löwenzahn, oder ... lassen Sie Ihrer Fantasie freien Lauf.

Zutaten:

1 l heißes Wasser
2 EL Suppenwürze
2–3 mittlere Kartoffeln, würfelig geschnitten
1 große Stange weißer Rettich, würfelig geschnitten
1 Msp. Curry
1 Msp. Kümmel, gemahlen
1 Msp. Meer- oder Steinsalz
1 TL schwarzer Sesam
1 Msp. Paprika, scharf
250 ml Soja Cuisine

Garnierung:

Rosenblüten, Ringelblumenblüten, frische Kresse ...

Wirkung:

wandelt Schleim um und transportiert ihn ab, löst Nahrungsmittelstagnationen auf und befreit somit die Mitte, leitet Hitze aus, bewegt die Lebensenergie Qi

H = Holz I F = Feuer I E = Erde I M = Metall I W = Wasser
n=neutral I w=warm I h=heiß I kü=kühl I ka=kalt ➲ z. B. Hkü = Holz kühl

GEMÜSE-QUINOA mit TEMPEH

Zubereitung Tempeh:

- Schalten Sie den Herd ein [F] und bringen Sie das Wasser [W] mit Suppenwürze [Hn] zum Kochen.
- Schneiden Sie den Tempeh [En] in 1 cm kleine Würfel und geben Sie ihn gemeinsam mit Zitronengras [Mh] und Mugi-Miso [Wkü] zur Suppe.
- Lassen Sie das Ganze für ca. 45 Minuten leicht köcheln. So nimmt der Tempeh die Gewürze auf.
- Danach fügen Sie 200 ml heißes Wasser [W] und die Quinoa [Wn] hinzu und lassen alles für weitere 15–20 Minuten leicht köcheln, bis der Quinoa die gesamte Flüssigkeit aufgesogen hat. Alles für weitere 15 Minuten nachquellen lassen.

Zubereitung mit Gemüse:

- Schalten Sie den Herd ein [F] und erwärmen Sie das Olivenöl [Ekü] in einer Pfanne auf max. 100 Grad.
- Währenddessen schneiden Sie das gesamte Gemüse feinblättrig bzw. kleinwürfelig.
- Geben Sie die Shiitake-Pilze [En], die Karotte [En], den Brokkoli [En], den roten Gemüsepaprika [Ekü], den fein geschnittenen Lauch [Mw] und die Frühlingszwiebel [Mw] in die Pfanne und rösten Sie alles ca. 5 Minuten bissfest durch.
- Gießen Sie mit Sojasoße auf und rösten Sie alles für weitere 2 Minuten gut durch.
- Zum Schluss mengen Sie das Quinoa-Tempeh-Getreide unter das Gemüse und ebenso Petersilie [Hn] und Kurkuma [Fkü]. Mit Petersilienstängeln [En] garniert und frischem Salat servieren!

Zutaten:

200 g Tempeh (fermentierte Sojabohnen-Masse)

400 ml Wasser

6–8 kleine Brokkoliröschen

2 EL Suppenwürze

2 Stangen Frühlingszwiebel

½ Stange Lauch

½ TL Zitronengras, getr.

ca. 60 ml Sojasoße (z. B. von Shoyu)

2 feine Schnitten frischer Ingwer

frische Petersilie, fein gehackt

1 TL Mugi-Miso (oder ½ TL Salz)

1–2 EL Olivenöl

200 ml heißes Wasser

1 Msp. Kurkuma

150 g Quinoa, kalt abgespült

Stängel der Petersilie, grob gehackt

1 roter Gemüsepaprika

1 Karotte

6–10 Shiitake-Pilze

Wirkung:
stärkt die Mitte und die Nieren, neutrales Gericht, vertreibt Kälte

H = Holz | F = Feuer | E = Erde | M = Metall | W = Wasser
n=neutral | w=warm | h=heiß | kü=kühl | ka=kalt ➲ z. B. Hkü = Holz kühl

KÜRBISTALER

Zubereitung:

- Geben Sie den grob geraspelten Kürbis [En-w] in eine Schüssel, fügen Sie die klein geschnittenen Frühlingszwiebeln [Mw], Basilikum [Mw] und den zerdrückten Knoblauch [Mh] oder Ingwer [Mw] hinzu.
- Nun mengen Sie Salz [Ww], Schwarzkümmel [Ww] und das Ei [Wn] unter den Kürbis, ebenso die fein gehackte Petersilie [Hn], geriebene Zitronenschalen [Fw], Kurkuma [Fkü], Kürbiskernöl [Ew], Kürbiskerne [En-w] und Mehl [En].
- Vermengen Sie alles zu einer formbaren Masse.
- Geben Sie einen leicht gehäuften Esslöffel in das ca. 100 Grad heiße Olivenöl und drücken Sie die Masse zu flachen Laibchen. Oder Sie verwenden kleine Ausstechformen, in die Sie die Masse in der Pfanne füllen (nicht zu hoch füllen, sonst benötigen sie mehr Zeit, um durch zu sein).
- Backen Sie die Taler goldbraun (ca. 5–10 Minuten je Seite).
- Servieren Sie die Kürbistaler mit frischem, grünem Salat der Saison.

Zutaten:

ca. 400 g Kürbis, grob geraspelt (Muskat- oder Hokkaidokürbis)

2 Stangen Frühlingszwiebeln

1 TL Basilikum, getrocknet

1 Zehe Knoblauch oder

2 dünne Schnitten Ingwer

1 EL Schwarzkümmel

1 EL Meer- oder Steinsalz

2–3 Stängel frische Petersilie, fein gehackt

1 TL Zitronenschalen, frisch oder getrocknet

½ TL Kurkuma

2 TL Kürbiskernöl

2 EL Kürbiskerne

1 Ei

4 EL Gerstenmehl (oder halb Gersten-, halb Süßlupinenmehl)

Olivenöl zum Ausbacken

Wirkung:

nährt und stärkt die Mitte, wärmt von innen heraus, baut nach anstrengenden Phasen wieder Lebensenergie Qi auf, trocknet Feuchtigkeit

H = Holz | F = Feuer | E = Erde | M = Metall | W = Wasser
n=neutral | w=warm | h=heiß | kü=kühl | ka=kalt ➲ z. B. Hkü = Holz kühl

HIRSEPFANNE

Zubereitung:

- Schalten Sie den Herd ein [F], geben Sie das Olivenöl [Ekü] in einen Topf und erwärmen Sie es auf ca. 100 Grad.
- Geben Sie die klein geschnittene Zwiebel [Mkü] und den fein gehackten Ingwer [Mw] in den Topf und rösten Sie alles für ca. 2 Minuten durch.
- Geben Sie die Lorbeerblätter [Mw] zu und gießen Sie mit warmem Wasser [W] auf, geben Sie die Suppenwürze [Hn] hinzu, ebenso Kurkuma [Fkü] und die heiß gewaschene Hirse [En].
- Lassen Sie die Hirse ohne Umrühren zugedeckt 15–20 Minuten köcheln bzw. so lange, bis sie aufspringt.
- In der Zwischenzeit rösten Sie die Cashew- und Sonnenblumenkerne [En] ohne Fett ca. 5 Minuten an und geben sie auf einen Teller.
- In die gleiche Pfanne geben Sie nun Olivenöl [Ekü] und erwärmen es wiederum auf 100 Grad.
- Braten Sie den in kleine Würfel geschnittenen Tofu [En] im Öl gut an, fügen Sie die blättrig geschnittenen Champignons [Eka] und die klein geschnittenen Karotten [En] zu.
- Majoran, Basilikum, Kreuzkümmel [Mw] und Frühlingszwiebel [Mw] zugeben und alles für ca. 5 Minuten gut durchrösten.
- Salzen [Ww] Sie das Gemüse, fügen Sie frische Petersilie [Hn] und Kurkuma [Fkü] hinzu.
- Zum Schluss vermengen Sie die Hirse [En] und die gerösteten Kerne [En] mit dem Gemüse und servieren die Hirsepfanne mit frischem Blattsalat!

Zutaten:

⅛ l Hirse, mit heißem Wasser abgespült

2 EL Sonnenblumenkerne

2 EL Cashewkerne

¼ l warmes Wasser

1 kleine Zwiebel

200 g Karotten

4 dünne Schnitten Ingwer, frisch

200 g Räuchertofu

1,5 EL Suppenwürze

1 Frühlingszwiebel

je 1 Prise Majoran, Basilikum, Kreuzkümmel

1 Prise Kurkuma

1 TL Meersalz

frische Petersilie

200 g Champignons (oder Shiitake-Pilze)

4 EL Olivenöl

2 Lorbeerblätter

Wirkung:
stärkt die Mitte, passt für jede Jahreszeit

H = Holz I F = Feuer I E = Erde I M = Metall I W = Wasser
n=neutral I w=warm I h=heiß I kü=kühl I ka=kalt ➲ z. B. Hkü = Holz kühl

KICHERERBSEN-EINTOPF
mit CURRY-MANGO-TOFU

Zubereitung:

- Kichererbsen [Wkü] über Nacht in genügend Wasser einweichen und vor dem Kochen abgießen.
- Kichererbsen [Wkü] in ¼ l Wasser geben, Suppenwürze [Hn] zufügen und den Herd einschalten [F].
- 1 TL Kerbel [En], Lorbeerblätter [Mw], Bohnenkraut [Mw] und 1 TL Meersalz [Ww] zufügen und Kichererbsen in ca. 25 Minuten weich kochen.
- Erwärmen Sie [F] in einem neuen Topf das Olivenöl [Ekü] und schwitzen Sie die klein geschnittene Zwiebel [Mkü] goldgelb an [E].
- Fügen Sie Karotten [En], Erbsen [En] und Pilze [En] hinzu, ebenso fein gehackten Ingwer [Mw] und den in kleine Würfel geschnittenen Curry-Mango-Tofu [Mw] und rösten alles nochmals für ca. 5 Minuten durch.
- Würzen Sie mit 2 EL Sojasoße [Wkü] (oder Salzsole [Wn]) und mengen Sie die gekochten Kichererbsen [Ww] mit dem Sud unter. Lassen Sie alles für weitere 5 Minuten leicht köcheln.
- Schalten Sie nun den Herd aus und rühren Sie den Saft der ½ Orange [Hkü-ka], Kurkuma [Fkü], die Petersilie [En], die Banane [Eka] und den Curry [Mh] unter den Eintopf und lassen Sie ihn für 5 Minuten nochmals zugedeckt durchziehen.
- Zum Schluss bestreuen Sie den Eintopf mit der in feine Ringe geschnittenen Frühlingszwiebel [Mw].
- Servieren Sie den Eintopf entweder mit Roggenbrot, Hirsefladen oder mit Bulgur als Beilage.

Zutaten:

150 g Kichererbsen
1 EL Suppenwürze
1 TL Kerbel
3 Lorbeerblätter
½ TL Bohnenkraut
1 TL Meersalz
150 g Karotten, gewürfelt
2 EL Olivenöl
1 Gemüsezwiebel, klein geschnitten
100 g Pilze, gewürfelt
250 g Curry-Mango-Tofu
50 g frische Erbsen
2 dünne Schnitten Ingwer
2 EL Sojasoße (oder Salzsole)
Saft von ½ Orange
½ TL Kurkuma
5 Stängel frische Petersilie, fein gehackt
1 TL Curry, scharf oder mild
1 Frühlingszwiebel, in feine Ringe geschnitten
1 Banane, gewürfelt

Wirkung:
stärkt die Mitte, wärmend

H = Holz I F = Feuer I E = Erde I M = Metall I W = Wasser
n=neutral I w=warm I h=heiß I kü=kühl I ka=kalt ⮞ z. B. Hkü = Holz kühl

KRAUTFLECKERL

Zubereitung:

- Stellen Sie eine große Pfanne auf den Herd [F], geben Sie das Olivenöl [Ekü] hinein und erwärmen Sie es auf maximal 100 Grad.
- Rösten Sie die fein geschnittenen Champignons [Eka] mit dem fein geschnittenen Ingwer [Mw], der Frühlingszwiebel [Mw] und dem Lauch [Mw] in der Pfanne kurz durch und geben Sie Majoran [Mw] und Liebstöckel [Mw] zu, ebenso das klein geschnittene Weißkraut [Wka] und den Kümmel [Ww]. Nun alles leicht anrösten.
- Fügen Sie die Salzsole [Wn] und das Wasser bei und geben Sie die Suppenwürze [Hn] und den Grünkern [Hn] unter Rühren hinzu.
- Würzen Sie mit scharfem Paprika [Fw] oder Rosmarin [Fw] und lassen Sie das Ganze zugedeckt ca. 10 Minuten leicht köcheln (bzw. bis das Kraut bissfest ist. Frühkraut geht sehr rasch!).
- Die letzten 2–3 Minuten mengen Sie die fein gestiftelte Karotte [En] unter und schalten den Herd aus.
- In der Zwischenzeit kochen Sie die Dinkelfleckerl [Ew] weich und geben sie zum Gemüse.
- Wenn Sie möchten, können Sie frische, fein geschnittene Petersilie [En] darüberstreuen.

Zutaten:

80 g Grünkern, grob geschrotet

ca. ½ l heißes Wasser

1 Karotte, fein gestiftelt

1 Stange Frühlingszwiebel

½ Stange Lauch (je nach Größe)

2–3 dünne Scheiben frischen Ingwer

10 dag Champignons

1 EL Suppenwürze

je 1 TL getrockneten Majoran und Maggikraut

1 TL Kümmel ganz

1 Prise Paprika, scharf, oder Rosmarin

2–3 EL Olivenöl

1 EL Salzsole

250–300 g Weißkraut, klein geschnitten

frische Petersilie und Ringelblumenblüten zum Garnieren

Wirkung:
nährt das Nieren-Yin, öffnet die Lunge, entgiftet die Leber und stärkt die Mitte

---

H = Holz I F = Feuer I E = Erde I M = Metall I W = Wasser
n=neutral I w=warm I h=heiß I kü=kühl I ka=kalt ➲ z. B. Hkü = Holz kühl

POLENTA mit SCHAFSKÄSE

Zubereitung:

- Stellen Sie einen Topf auf den Herd und schalten Sie die Platte ein [F].
- Geben Sie die Polenta [En] in den Topf und rösten Sie diese für ca. 5 Minuten gut durch.
- Fügen Sie nun Oregano [Mw] und die in feine Ringe geschnittenen Frühlingszwiebeln [Mw] hinzu und rösten Sie alles für ca. 1 Minute nochmals durch.
- Nun gießen Sie mit heißem Wasser [W] auf und geben Salz [Ww] und die Suppenwürze [Hn] dazu.
- Schalten Sie den Herd aus und lassen Sie die Polenta unter mehrmaligem Rühren zugedeckt 5–10 Minuten weiterköcheln.
- Nun mengen Sie die halbierten Tomaten [Hkü], Kurkuma [Fkü], den scharfen Paprika [Fw] und die Oliven [Fkü] sowie den kleinwürfelig geschnittenen roten Paprika [Ekü] und die fein gehackte Petersilie [En] unter und lassen alles zugedeckt für 5 Minuten nochmals durchziehen.
- Verfeinern Sie die sommerliche Polenta-Jause noch mit kleinwürfelig geschnittenem Schafskäse [Ew] und servieren Sie das Ganze mit einer Scheibe Roggenbrot.

Zutaten:

⅛ l Polenta, grob

1 TL Oregano, getrocknet

2 Frühlingszwiebeln

1 gestrichener TL Meer- oder Steinsalz

¼ l heißes Wasser

100 g Cherry-Tomaten, halbiert

1 Prise Kurkuma

1 Prise Paprika, scharf

1 kleiner roter Paprika, klein gewürfelt

1 TL Suppenwürze

4–5 Stängel Petersilie, frisch

100 g fester Schafskäse

20 dunkle Oliven, ganz oder geviertelt

Wirkung:
nährt und wärmt die Mitte, baut Qi auf

H = Holz I F = Feuer I E = Erde I M = Metall I W = Wasser
n=neutral I w=warm I h=heiß I kü=kühl I ka=kalt ➲ z. B. Hkü = Holz kühl

117

KÜRBISSUGO

Zubereitung:

- Nehmen Sie einen großen Topf und schalten Sie den Herd ein [F].
- Geben Sie das Olivenöl [Ekü] in den Topf und erwärmen Sie es auf maximal 100 Grad.
- Geben Sie den klein geschnittenen Kürbis [En-w] und den feinnudelig geschnittenen Lauch [Mw] hinzu und rösten Sie alles für ca. 5 Minuten gut durch.
- Würzen Sie mit Zitronengras [Mw], getrocknetem Thymian [Mw] (wenn Sie keinen frischen zur Hand haben), fein gehacktem Ingwer [Mw] und Kümmel [Ww] und rösten Sie alles für weitere 2 Minuten durch.
- Gießen Sie sodann mit der Salzsole [Wn] auf, fügen Sie den Zitronensaft [Hkü] hinzu, ebenso Kurkuma [Fkü], und lassen Sie das Ganze zugedeckt für ca. 5–10 Minuten auf kleiner Flamme schmoren.
- Nach dieser Zeit können Sie den Kürbis mit dem Kochlöffel ganz leicht zerdrücken, sodass eine kompakte Sugo-Masse entsteht.
- Würzen Sie nun mit frischem Thymian [Fw] (wenn Sie keinen zugegeben getrockneten haben) und mengen Sie den schwarzen Sesam [En] unter das Sugo.
- Servieren Sie das Sugo auf Dinkel-Bandnudeln. Auf Wunsch können Sie das Gericht mit Kresse [Mw] garnieren und zum Abschluss mit Kürbiskernöl [Ew] feine Linien ziehen, um dem Sugo so noch etwas Farbe zu verleihen.

Zutaten:

2 EL Suppenwürze

1 Stange Lauch

2 dünne Schnitten Ingwer

1 Msp. Zitronengras, getrocknet

1 Prise Kümmel, gemahlen

500 g Muskat-Kürbis, geschält

2–3 Thymianzweige, frisch, oder getrockneten Thymian

2 EL Salzsole

1 TL Zitronensaft

1 Msp. Kurkuma

1 TL schwarzen Sesam

1 EL Olivenöl

Kresse zum Garnieren

Wirkung:
baut Säfte und Qi auf;
stärkt und wärmt die Mitte

H = Holz | F = Feuer | E = Erde | M = Metall | W = Wasser
n=neutral | w=warm | h=heiß | kü=kühl | ka=kalt ➲ z. B. Hkü = Holz kühl

LINSENCURRY in KOKOSSOSSE

Zubereitung:

- Stellen Sie einen Topf auf den Herd und schalten Sie die Platte ein [F].
- Geben Sie das Olivenöl [Ekü] in die Pfanne und erwärmen Sie es auf maximal 100 Grad.
- Rösten Sie die fein geschnittene Zwiebel [Mw] goldgelb, fügen Sie Ingwer [Mw] und Koriandersamen [Mw] zu und rösten Sie alles für ca. 2 Minuten weiter.
- Gießen Sie mit heißem Wasser [W] auf, geben Sie die Linsen [Wn] zu, ebenso die Suppenwürze [Hn], den Kurkuma [Fkü] die Kokosmilch [Ew] und die Kokosflocken [Ew], das Currypulver [Mh] und 1 Prise Salz [Ww] und lassen alles für ca. 15 Minuten zugedeckt leicht köcheln. Die Linsen sollten durch, aber noch bissfest sein.
- Mengen Sie nun die frische, fein gehackte Petersilie [Hn], die Prise Paprikapulver [Fw] und die Cashewnüsse [Ew] unter das Curry.
- Servieren Sie das Linsencurry mit Vollwertreis (Rezept siehe unten), garnieren Sie es mit fein gehacktem, rotem Gemüsepaprika [Ekü] und genießen Sie das Gericht mit seinem unvergleichlichen Duft nach Urlaub.

Zutaten:

2 EL Olivenöl

1 mittlere Gemüsezwiebel, fein geschnitten

2 hauchdünne Scheiben frischer Ingwer, klein geschnitten

1 TL Currypulver

½ l heißes Wasser

200 g rote Linsen

1 EL Suppenwürze

1 Prise Kurkuma

200 ml Kokosmilch

1 EL Kokosflocken

½ TL Koriandersamen, fein gemörsert

1 Prise Meer- oder Steinsalz

frische Petersilie, fein gehackt

1 Prise Paprikapulver, süß

1 EL Cashewnüsse, grob gehackt und ohne Fett in der Pfanne geröstet

½ roter Gemüsepaprika, fein geschnitten (als Garnierung)

Rezept Vollwertreis:
125 g Reis [En] und 1 mit Nelken [Mw] gespickte Zwiebel [Mkü] kurz anrösten. Mit ¼ l Wasser [W] aufgießen und ca. 30 min. dünsten. 1–2 TL Meersalz [Ww], Petersilie [Hn], gem. Mariendistelsamen [Fk] und Erbsen [Ekü] zugeben, 5–10 min. ziehen lassen.

Wirkung:
die Mitte und die Nieren stärkend, beseitigt Kälte, kühlt Sommerhitze

H = Holz I F = Feuer I E = Erde I M = Metall I W = Wasser
n=neutral I w=warm I h=heiß I kü=kühl I ka=kalt ➲ z. B. Hkü = Holz kühl

121

PANIERTER TOFU
mit ZUCCHINIGEMÜSE

Zubereitung panierter Tofu:

- Schneiden Sie den Tofu in ca. 1 cm dicke Schnitten und diese wiederum in 2 gleiche Dreiecke. Salzen [Ww] Sie gut.
- Geben Sie in einen Suppenteller scharfen Paprika, Kurkuma und das Ei und verquirlen Sie das Ganze gut. Die Vollkornbrösel und das Mehl geben Sie auf je ein Stück Butterpapier.
- Wälzen Sie den gesalzenen Tofu [Wn] in Grünkernmehl [Hn], im mit scharfem Paprika [Fh] und Kurkuma [Fkü] verquirlten Ei [En] und zum Abschluss in den Vollkornbröseln.
- In der Zwischenzeit Herd einschalten [F].
- Öl [Ekü] gut 1 cm hoch in eine tiefe Pfanne geben und den panierten Tofu von beiden Seiten goldgelb ausbacken (je Seite ca. 3–5 Minuten).

Zubereitung Zucchinigemüse:

- Herd einschalten [F] und etwas Öl [Ekü] in die Pfanne geben.
- Die klein gewürfelte Zucchini [Ekü] mit klein geschnittenem Ingwer [Mw] kurz durchrösten, mit Sojasoße aufgießen [Wn] und Sesam zugeben [Hw].

Zutaten Tofu:

250 g Tofu natur
1 Ei
Meersalz
Grünkernmehl
Vollkornbrösel
je 1 gute Prise Paprika, scharf
und Kurkuma
Öl zum Ausbacken (Oliven-
oder Rapsöl)

Zutaten Zucchinigemüse:

1 mittlere Zucchini
3 dünne Schnitten Ingwer
2–3 EL Sojasauce
1 EL Sesam

TIPP:
Sie können zusätzlich Mangosoße zum Dippen servieren.

Wirkung:
stärkt die Mitte und die Nieren, leicht verdaulich, baut Säfte auf

H = Holz | F = Feuer | E = Erde | M = Metall | W = Wasser
n=neutral | w=warm | h=heiß | kü=kühl | ka=kalt ➲ z. B. Hkü = Holz kühl

PIKANTE POLENTA
mit CHAMPIGNONS

Zubereitung:

- Herd einschalten [F] und das Olivenöl [Ekü] in einem Topf auf maximal 100 Grad erwärmen.
- Rösten Sie die feinblättrig geschnittenen Champignons [Eka] kurz durch.
- Geben Sie nun den Maisgrieß [En] zu und ebenso das Basilikum [Mw], den Majoran [Mw], den klein geschnittenen Ingwer [Mw] und die grobnudelig geschnittene Frühlingszwiebel [Mw] und rösten Sie nochmals alles gut durch.
- Gießen Sie nun mit warmem Wasser [W] auf, fügen Sie das Salz [Ww], die Suppenwürze [Hn] und den Kerbel [Hn] zu, mischen Sie die Masse gut durch und lassen Sie sie ca. 5 Minuten unter ständigem Rühren leicht köcheln. Danach schalten Sie den Herd aus.
- Nun fügen Sie noch die fein geriebene Petersilwurzel [Hn] und den Kurkuma [Fkü] bei und lassen die Masse zugedeckt 5 Minuten weiterziehen.
- Zum Schluss mengen Sie das fein gehackte Petersilgrün [En] unter die Polentamasse.

Zutaten :

4 geh. EL Maisgrieß
(Polenta), grob
250 g Champignons (Stein- oder Shiitake-Pilze)
je ½ TL Basilikum und Majoran
1 EL Olivenöl
1 TL Meer- oder Steinsalz
2 dünne Schnitte frischer Ingwer
1 TL Suppenwürze
½ l warmes Wasser
etwas Petersilwurzel, gerieben
etwas Petersilgrün
1 Prise Kerbel
1 Prise Kurkuma
1 Frühlingszwiebel

Wirkung:
Milz- und Magen-Qi stärkend; schmeckt auch wunderbar, wenn Sie statt der Champignons Steinpilze verwenden; Sie können dieses Gericht entweder als Frühstück, Mittag- oder Abendessen zu jeder Jahreszeit genießen.

H = Holz I F = Feuer I E = Erde I M = Metall I W = Wasser
n=neutral I w=warm I h=heiß I kü=kühl I ka=kalt ➲ z. B. Hkü = Holz kühl

NUDELN mit STEINPILZEN und EIERSCHWAMMERL

Zubereitung Nudeln:

- Wasser salzen [Ww], Petersilie zufügen [Hn]
- Herd einschalten [F] und Rosmarin [Fw] zugeben.
- Nudeln [Ew] in kochendes Wasser einlegen und nach angegebener Kochzeit bissfest garen.

Zubereitung Soße:

- Herd einschalten [F], Olivenöl [Ekü] erwärmen (nicht über 100 Grad erhitzen!) und die klein geschnittene Gemüsezwiebel [Mkü] goldgelb anschwitzen (durch das Anschwitzen verändert sich der Geschmack der Zwiebel von scharf zu süß = Element Erde).
- Geben Sie die Pilze und Eierschwammerl [En] zu und rösten Sie sie für 5–10 Minuten gut durch (bis das Wasser aufgesaugt ist).
- Fügen Sie Basilikum [Mw] und Frühlingszwiebeln [Mw] zu und rösten Sie sie ebenfalls kurz durch.
- Gießen Sie mit heißem Wasser auf und würzen Sie mit der Salzsole [Wn] und der Suppenwürze [Hn]. Schalten Sie den Herd aus und lassen Sie die Soße für ca. 5–10 Minuten offen weiterköcheln.
- Nun geben Sie noch die halbierten oder geviertelten Tomaten [Hkü], den grob geschnittenen Rucola [Fkü], den scharfen Paprika [Fw] und den Kurkuma [Fkü] zu, ebenso die Soja Cuisine [Ekü] und die fein geschnittene Petersilie [En].
- Servieren Sie die Nudeln mit der Soße und genießen Sie den feinen Duft und Geschmack der Pilze!

Zutaten Nudeln:

160 g Dinkel-Maccaroni

1 EL Meer- oder Steinsalz

1 TL Petersilie, getrocknet

3–4 Blatt Rosmarin, frisch

Zutaten Sauce:

2–3 EL Olivenöl

300 g Pilze und Eierschwammerl (Pfifferlinge), gemischt, geputzt und geschnitten

1 mittlere Gemüsezwiebel

2 Frühlingszwiebeln

1 TL Basilikum, getrocknet

⅛ l warmes Wasser

2 EL Salzsole

1 TL Suppenwürze

6–8 Cherrytomaten

1 Prise Paprika, scharf

1 Prise Kurkuma

1 Handvoll Ruccola

250 ml Soja Cuisine

4–5 Stängel Petersilie, frisch

Wirkung:
Die Mitte nährend und stärkend, Qi aufbauend, entgiftend

H = Holz | F = Feuer | E = Erde | M = Metall | W = Wasser
n=neutral | w=warm | h=heiß | kü=kühl | ka=kalt ➲ z. B. Hkü = Holz kühl

PILZ-RISOTTO

Zubereitung Risotto:

- Stellen Sie eine große Pfanne oder einen Topf auf den Herd und schalten Sie die Platte ein [F].
- Geben Sie Olivenöl [Ekü] zu und rösten Sie die fein geschnittene Gemüsezwiebel [Mkü/En] ca. 5 Minuten gut durch, bis sie glasig ist.
- Geben Sie nun die Pilze [Champignons = Eka, alle anderen Pilze = En] zu und rösten Sie diese ca. 5 Minuten gut durch. Nun fügen Sie noch den Reis [Ew] hinzu und rösten diesen für ca. 2 Minuten ebenfalls durch.
- Würzen Sie mit Basilikum [Mw] und Thymian [Mw] und gießen Sie mit ca. 200 ml Wasser auf. Unter oftmaligem Rühren geben Sie das restliche Wasser nach und nach zu (der Reis darf nie austrocknen! Gesamtkochdauer ca. 20–25 Minuten. Sie können zwischendurch das Risotto zugedeckt leicht köcheln lassen.).
- Nach dem letzten Wasser mischen Sie auch das Salz [Ww], den Weißwein [Hkü] und die Suppenwürze [Hn] unter das Risotto. Mittlerweile sollte bereits eine cremige Masse entstanden, die Reiskörner jedoch noch klar erkennbar sein (dauert ca. 20–25 Minuten).
- Mischen Sie nun noch die fein gehackten, getrockneten Tomaten [Hkü] unter das Risotto, würzen Sie mit einer Prise scharfem Paprika [Fw] und ziehen Sie die Petersilie [En] unter das Risotto.

Zutaten:

300 g Pilze (Shiitake, Austernpilze, Cremechampignons, Kräuterseitlinge, Eierschwammerl, Steinpilze ...)
200 g Risotto-Basmatireis
2 EL Olivenöl
1 mittlere Gemüsezwiebel
3–5 Stk. getrocknete Tomaten
⅛ l Weißwein
600 ml warmes Wasser
1 Prise Thymian, getrocknet,
½ TL Basilikum, getrocknet
1 TL Meer- oder Steinsalz
1 EL Suppenwürze
1 Prise Paprika, scharf
frische Petersilie, fein gehackt

Wirkung:
die Mitte stärkend, Herz und Hitze kühlend, verdauungsfördernd, Schleimhäute regenerierend

H = Holz | F = Feuer | E = Erde | M = Metall | W = Wasser
n=neutral | w=warm | h=heiß | kü=kühl | ka=kalt ➲ z. B. Hkü = Holz kühl

129

REIS-TOFU-LAIBCHEN

Zubereitung:

- Entweder haben Sie Reis vom Vortag (wenn Sie gleich die doppelte Menge gekocht haben) oder Sie kochen den Reis frisch.
- *Reis:* Herd einschalten [F], den Reis [En] und die Gemüsezwiebel [Mkü], mit Nelken [Mw] gespickt, in einen Topf geben und kurz anrösten.
- Mit der 1½-fachen Menge warmem Wasser [W] aufgießen und ca. 40 Minuten zugedeckt köcheln lassen.
- Wenn der Reis das Wasser beinahe aufgesogen hat (nach ca. 30 Minuten), Meersalz [Ww], Petersilie [Hn], Kurkuma [Fn] und Erbsen [Ekü] zufügen, Herd ausschalten und den Reis ca. 10 Minuten zugedeckt weiter ziehen lassen.
- *Laibchen:* Geben Sie den Reis in eine Schüssel und reiben Sie nun den Tofu rosso [En] fein zur Reismasse dazu.
- Fügen Sie den klein geschnittenen, roten Paprika [Ekü] bei, ebenso die fein geschnittene Frühlingszwiebel [Mw], das Meersalz [Ww], frische, fein gehackte Petersilie [Hn], frischen Thymian [Fw], klein geschnittene dunkle Oliven [Fkü] und Sonnenblumenkerne [En] und vermengen Sie alles rasch zu einer homogenen Masse.
- Lassen Sie die Masse ca. 30 Minuten rasten.
- Laibchen formen, eventuell in Vollkornbrösel oder Hirseflocken wälzen und in Olivenöl von beiden Seiten knusprig backen.
- Mit Salat servieren.

Zutaten:

200 g Vollkornreis
1½-fache Menge warmes Wasser
1 kleine, rote Paprika
1 kleine Gemüsezwiebel
200 g Tofu rosso (Tofu mit grünen Oliven, getrockneten Tomaten und mediterranen Gewürzen)
4–5 Nelken
1 Frühlingszwiebel
100 g Erbsen (Schoten oder tiefgekühlt)
Thymian, frisch
1½ TL Meersalz
1 EL schwarze Oliven, entkernt
Petersilie, getrocknet und frisch
1 EL Sonnenblumenkerne
1 Prise Kurkuma
ev. Vollkornbrösel oder Hirseflocken
Olivenöl zum Ausbacken

Wirkung:
neutral bis kühlend, Qi-nährend, entgiftend, ein Gericht für jede Jahreszeit

---

H = Holz | F = Feuer | E = Erde | M = Metall | W = Wasser
n=neutral | w=warm | h=heiß | kü=kühl | ka=kalt ➲ z. B. Hkü = Holz kühl

BOHNEN-EINTOPF mit DINKELFILETS & SÜSSKARTOFFELN

Zubereitung:

- Geben Sie die gewaschenen und geschnittenen Bohnen [En] in einen größeren Topf.
- Fügen Sie die gewürfelten Süßkartoffeln [En] und das gewürfelte Dinkelfilet [En] hinzu, ebenso Bohnenkraut [Mw], Liebstöckel [Mw], Salz [Ww], Wasser [W], Suppenwürze [Hn], Kurkuma [Fkü] und Dill [Fw]. Schalten Sie den Herd ein [F] und bringen Sie alles zum Kochen.
- Schalten Sie den Herd auf eine kleine Stufe und lassen Sie den Eintopf zugedeckt für 10 Minuten leicht köcheln, bis die Bandfisolen bissfest und die Süßkartoffeln weich sind. Schalten Sie den Herd aus.
- Vermischen Sie das Pfeilwurzelmehl [Eka] mit der Soja Cuisine [Ekü] und mengen Sie es unter ständigem Rühren unter den Eintopf (der Eintopf sollte nicht mehr kochen, sondern nur mehr leicht ziehen).
- Lassen Sie den Eintopf nun noch für ca. 5 Minuten durchziehen und mengen Sie zum Abschluss noch die fein gehackte Petersilie [En] ein.
- Servieren Sie den Eintopf mit Roggenbrot.

Zutaten:

200 g Bohnen, in 2 cm breite Stücke geschnitten

200 g Süßkartoffeln, gewürfelt

250 g Dinkelfilets aus dem Glas, würfelig geschnitten

1 TL Bohnenkraut

3 Blätter Liebstöckel, frisch

1 EL Meersalz

⅜ l Wasser

1 EL Suppenwürze

1 Prise Kurkuma

1 gute Msp. Dill

1 EL Pfeilwurzelmehl

125 ml Soja Cuisine

3–4 Stängel Petersilie, frisch

Wirkung:
ein wärmendes, die Mitte stärkendes Gericht, nährt das Qi der Milz und des Herzens, aufbauend bei Erschöpfung

TIPP:
Verwenden Sie für den Eintopf eine der unzähligen Bohnenarten, die auf den Märkten angeboten werden. Besonders wird das Gericht, wenn Sie eine der alten Sorten, wie etwa Bandfisolen (rechtes Bild), nehmen.

H = Holz I F = Feuer I E = Erde I M = Metall I W = Wasser
n=neutral I w=warm I h=heiß I kü=kühl I ka=kalt

SÜSSKARTOFFEL-BRATLINGE

Zubereitung:

- Geben Sie die grob geraspelten Süßkartoffeln [En] in eine Schüssel und fügen Sie die klein geschnittenen Frühlingszwiebeln [Mw] und Liebstöckel [Mw] hinzu.
- Nun mengen Sie das Salz [Ww], den Kümmel [Ww] und das Ei [Wn] unter die Kartoffeln, ebenso die fein geschnittene Petersilie [Hn], die Muskatnuss [Fw], die Kürbiskerne [En] und das Mehl [En].
- Vermengen Sie alles zu einer guten Masse.
- Legen Sie einen leicht gehäuften Esslöffel Masse in das ca. 100 Grad heiße Olivenöl und drücken Sie die Masse auf flache Laibchen.
- Backen Sie die Bratlinge goldbraun (ca. 5–7 Minuten je Seite).
- Servieren Sie die Süßkartoffel-Bratlinge mit einem Tomaten-Dip und frischem Salat.

Zutaten:

400 g Süßkartoffeln, grob geraspelt

2 Stangen Frühlingszwiebeln

1 Blatt Liebstöckel (Maggikraut), frisch oder getrocknet oder/und 1 TL Majoran

1 Prise Kümmel, gemahlen

1 EL Meer- oder Steinsalz

2–3 Stängel frische Petersilie, fein gehackt

1 Prise Muskatnuss, gemahlen

1 TL Kürbiskerne, grob gehackt

1 Ei

4 EL Reismehl

Olivenöl zum Ausbacken

Wirkung:
nährt und stärkt die Mitte, baut Qi auf

H = Holz I F = Feuer I E = Erde I M = Metall I W = Wasser
n=neutral I w=warm I h=heiß I kü=kühl I ka=kalt ➲ z. B. Hkü = Holz kühl

PALATSCHINKEN, gefüllt mit EIERSCHWAMMERL

Zubereitung:

- Geben Sie die Eier [Wn] in eine Rührschüssel.
- Fügen Sie Sesam [Hw], Kurkuma [Fkü], das zu Mehl gemahlene Getreide [En] und die Milch [Ekü] zu, ebenso das fein geschnittene Liebstöckel [Mw] und das Salz [Ww] und vermengen Sie alles mit dem Schneebesen zu einem dickflüssigen Teig.
- Lassen Sie den Teig ca. ½ Stunde quellen.
- Backen Sie danach die Palatschinken mit Alsan goldgelb aus (die Masse ergibt ca. 6 Stück).

Fülle:

- Schalten Sie den Herd ein und erwärmen Sie das Olivenöl [Ekü] auf ca. 100 Grad.
- Fügen Sie die fein geschnittene Gemüsezwiebel [Mkü] zu und rösten Sie sie goldgelb an (dadurch wird sie vom Geschmack her süß = Erde).
- Nun geben Sie die Eierschwammerl (Pfifferlinge) [En] zu und rösten sie für 5–10 Minuten gut durch.
- Fügen Sie die in feine Ringe geschnittenen Frühlingszwiebeln [Mw] hinzu, würzen mit Majoran [Mw], gießen mit heißem Wasser [W] auf und geben die Suppenwürze hinein [Hn]. Schalten Sie den Herd aus und lassen Sie alles kurz nachziehen.
- Wenn es aufgehört hat zu kochen, mengen Sie Kurkuma [Fkü] und süßen Paprika [Ew] sowie fein geschnittene Petersilie [En] unter die Schwammerl.
- Füllen Sie nun die Schwammerl in die Palatschinken und servieren Sie sie mit Salat.

Zutaten Palatschinken:

60 g Dinkel, fein vermahlen

20 g Grünkern, fein vermahlen

20 g Buchweizen, gemahlen

2 Blätter Liebstöckel, frisch

2 Eier

½ TL Meer- oder Steinsalz

1 TL Sesam, schwarz

1 Prise Kurkuma

ca. 250 ml Milch (Kuh-, Soja- oder andere Getreidemilch)

Alsan Bio zum Ausbacken

Zutaten Fülle:

250 g Eierschwammerl

2 EL Olivenöl

1 kleine Gemüsezwiebel

2 Stangen Frühlingszwiebeln

60 ml heißes Wasser

1 TL Suppenwürze

1 TL Majoran

5 Stängel Petersilie, frisch

1 Prise Kurkuma

1 gute Prise Paprika süß

Wirkung:

die Mitte stärkend; Yin, Yang und Qi aufbauend, ein ausgleichendes Gericht

---

H = Holz | F = Feuer | E = Erde | M = Metall | W = Wasser

n=neutral | w=warm | h=heiß | kü=kühl | ka=kalt ➋ z. B. Hkü = Holz kühl

SÜSSKARTOFFEL-LINSEN-LAIBCHEN

Zubereitung Linsen:

- Geben Sie die Süßkartoffeln [En] in einen Dampf-drucktopf und lassen Sie sie, je nach Größe, für ca. 12–16 Minuten kochen. Die Süßkartoffeln sollten sehr weich und mit der Gabel zu zerdrücken sein.
- Geben Sie die Linsen [Wn] mit Wasser [W], der Suppenwürze [Hn] und dem Rosmarin [Fw] in einen Topf, schalten Sie den Herd ein [F] und bringen Sie die Flüssigkeit zum Kochen.
- Fügen Sie nun Petersilie [En], Bohnenkraut [Mn] und Lorbeerblatt [Mw] zu und köcheln Sie die Linsen auf kleiner Flamme für ca. 15–20 Minuten bzw. so lange, bis die Linsen weich sind und die gesamte Flüssigkeit aufgesogen haben.
- Lassen Sie sie noch für ca. 15 Minuten nachquellen.

Zubereitung Laibchen:

- Geben Sie die geschälten Süßkartoffeln [En] in eine Schüssel und zerdrücken Sie sie mit der Gabel.
- Fügen Sie die Linsen [Mw], die fein geschnittene Frühlingszwiebel [Mw] und Kumin [Mw] hinzu.
- Würzen Sie mit Salz [Ww] und mengen Sie den schwarzen Sesam [Hw], Kurkuma [Fkü], Muskatnuss [Fw], das Mehl [Ekü] und die fein geschnittene Petersilie [En] unter die Masse.
- Formen Sie mit den Händen kleine Laibchen (oder mit dem Löffel) und braten Sie sie in Olivenöl goldgelb aus.

Zutaten:

400 g Süsskartoffeln

je 1 Prise Kurkuma und Muskatnuss

⅛ l rote Linsen

1 TL schwarzer Sesam

¼ l heißes Wasser

frische Petersilie, klein geschnitten

1 EL Suppenwürze

1 geh. TL Meer- oder Steinsalz

½ TL Petersilie, getrocknet

1 Lorbeerblatt

½ TL Bohnenkraut

2–3 Blätter vom Rosmarin

1 Stange Frühlingszwiebel

1–2 EL Olivenöl zum Braten

60–100 g Gerstenmehl

1 gute Msp. Kumin

TIPP:
Dazu passt frischer Salat und/oder ein pikanter Schafmilch-Joghurt-Dip oder pikanter Tomatensaucen-Dip.

Wirkung:
stärkt Mitte und Nieren, neutrales Gericht

H = Holz I F = Feuer I E = Erde I M = Metall I W = Wasser
n=neutral I w=warm I h=heiß I kü=kühl I ka=kalt ➲ z. B. Hkü = Holz kühl

SOMMERLICHES GEMÜSESUGO

Zubereitung:

- Schalten Sie den Herd ein [F].
- Geben Sie das Olivenöl [Ekü] in eine große Pfanne und erhitzen Sie es auf maximal 100 Grad (bei 3 verschiedenen Hitzestufen ist die Temperatur bei 1–1,5 erreicht).
- Geben Sie die blättrig geschnittenen Champignons [Eka], den in kleine Rosen zerteilten Brokkoli [En], die in Scheiben gehobelte Karotte [En], die klein geschnittene Frühlingszwiebel [Mw] und die Gewürze Oregano und Basilikum [Mw] hinzu und rösten Sie alles für ca. 5 Minuten gut durch.
- Geben Sie nun das warme Wasser [W], die Salzsole [Wn], die Suppenwürze [Hn] und den Kurkuma [Fkü] zu, schalten Sie den Herd aus und Sie lassen das Gemüse für ca. 5 Minuten zugedeckt weiterköcheln.
- Danach mengen Sie den grob geschnittenen Radicchio [Fkü] unter das Sugo, ebenso die Soja Cuisine [Ekü] und die fein geschnittene Petersilie [En].

Zutaten:

2 EL Olivenöl

100 g Creme-Champignons

1 kleiner Brokkoli

1 Karotte

2 Frühlingszwiebeln

je 1 TL Oregano und

Basilikum, getrocknet

1 El Salzsole

60 ml warmes Wasser

1 TL Suppenwürze

1 Prise Kurkuma

½ kleiner Radicchio

250 ml Soja Cuisine

frische Petersilie

TIPP:
Servieren Sie das Sugo mit Hirse-Nudeln oder Tortellini oder ... je nach Gusto und mit frischem Blattsalat!

Wirkung:
leicht kühlendes, Yin aufbauendes Gericht für warme Sommertage oder bei Hitzezuständen

H = Holz | F = Feuer | E = Erde | M = Metall | W = Wasser
n=neutral | w=warm | h=heiß | kü=kühl | ka=kalt ➲ z. B. Hkü = Holz kühl

Gebackener Sellerie

Zubereitung:

- Schälen Sie den Sellerie und schneiden Sie ihn in ca. ½ cm dünne Scheiben.
- Würzen Sie die Selleriescheiben [Mn] wie folgt: Eine Seite mit getrocknetem Liebstöckel [Mw] würzen, dann beidseitig mit Meersalz [Ww] salzen. Nun die zweite Seite mit Kerbel oder Petersilie [Hn] bestreuen, ebenso mit Kurkuma [Fkü] und mit süßem Paprika [En].
- Panieren Sie die Selleriescheiben nun in Gerstenmehl [Ekü], danach in einem verquirlten Ei [En] und zum Abschluss in Vollkornbrösel [Ew].
- In Olivenöl (max. 100 Grad!!) in ca. 15 Minuten beidseitig goldgelb backen.
- Dazu passen mit klein gehackter Petersilie [En] bestreute Kartoffeln [En], Salat der Saison (Tomatensalat zu Sommerende oder Endiviensalat im Herbst) und Preiselbeeren [En]. Eine wunderbare, schmackhafte Alternative zu Schnitzel aus Fleisch!

Zutaten:

ca. 400 g Sellerie

Meersalz bzw. Stein- oder Ursalz

Kerbel, getrocknet, oder Petersilie, getrocknet

Liebstöckel, getrocknet

Kurkuma

Paprika, süß

2 EL Gerste, gemahlen

1 Ei

3–4 EL Vollkornbrösel

Olivenöl zum Ausbacken

TIPP:

Falls Sie keine Getreidemühle zur Hand haben, verwenden Sie eine alte Kaffeemühle.

TIPP:

Mit dem Backen yangisieren Sie dieses Gericht, d. h. Sie führen Wärme zu. Die Gerste hingegen nimmt etwas von dieser Hitze wieder heraus, stärkt gleichzeitig den Magen und die Milz (die Verdauungsfunktion) und entstaut weiters auch die Leber. Somit haben Sie ein neutrales bis leicht wärmendes Gericht, das Qi, also Kräfte aufbaut …

Wirkung:

Qi, Yin und Yang aufbauend, kühlt Leberhitze (Aggression); trocknet Feuchtigkeit

---

H = Holz | F = Feuer | E = Erde | M = Metall | W = Wasser
n=neutral | w=warm | h=heiß | kü=kühl | ka=kalt ➲ z. B. Hkü = Holz kühl

143

TOFU- ODER SEITANGULASCH

Zubereitung Tofu/Seitan:

- Schneiden Sie den Tofu [Ekü] oder Seitan [En] in grobe Würfel und würzen Sie ihn mit Curry [Mh] und Salz [Ww].
- Bestreuen Sie den gewürzten Tofu mit Sesam [Hw] und geben Sie ihn in eine geölte Pfanne.
- Backen Sie den Tofu mit einmaligem Wenden ca. 30 Minuten bei 180 Grad Heißluft [F] kross.

Zubereitung Gulasch:

- Schalten Sie den Herd ein [F] und geben Sie Sonnenblumenöl [Ekü] in einen Topf.
- Schneiden Sie die Shiitake-Pilze [En] in Stücke, den Lauch [Mw] in breite Ringe und rösten Sie beides im Topf kurz an.
- Geben Sie Majoran [Mw], Lorbeerblätter [Mw] und Bohnenkraut [Mw] hinzu, gießen mit ½ l warmem Wasser auf und geben die Linsen [Wn] hinein.
- Ebenso fügen Sie Kümmel [Ww], Salz [Ww], Suppenwürze [Hn], Kurkuma [Fkü], scharfen Paprika [Fw] und Tomatensoße [Hkü] zu.
- Geben Sie die grob gestiftelten Karotten [En], Pastinake [Ekü], Petersilwurzel [En] und die ganzen Zuckererbsenschoten [En] zu und lassen Sie alles für ca. 10 Minuten leicht köcheln.
- Fügen Sie den gebackenen Tofu oder Seitan [En] zu, verfeinern Sie alles mit klein gehackter Petersilie [En] und garnieren Sie mit Kresse [Mn].
- Mit Vollkornbaguette, Roggenbrot oder Spätzle servieren!

Zutaten:

200 g Tofu oder Seitan, in grobe Würfel geschnitten

Curry, Salz und Sesam zum Würzen des Tofus

2 EL Sonnenblumenöl

¼ l Tomatensauce

1 Stange Lauch

1 Prise Kurkuma

½ l warmes Wasser

1 Prise Paprika, scharf

100 g Linsen, gelb

100 g Pastinake

1 TL Kümmel, ganz

200 g Karotten

2 EL Suppenwürze

100 g Petersilwurzel

100 g Zuckererbsen

100 g Shiitake-Pilze

je ½ TL Majoran und Bohnenkraut

3 Lorbeerblätter

1 TL Meer- oder Steinsalz

Petersilie

Kresse zum Garnieren

Wirkung:
stärkt die Mitte und die Nieren, neutrales Gericht, entgiftend

H = Holz | F = Feuer | E = Erde | M = Metall | W = Wasser
n=neutral | w=warm | h=heiß | kü=kühl | ka=kalt ➲ z. B. Hkü = Holz kühl

ZUCCHINILAIBCHEN

Zubereitung:

- Kochen Sie die Süßkartoffeln [En] im Dampf-drucktopf weich. Schälen und zerdrücken Sie die Kartoffeln noch warm in einer Schüssel.
- Geben Sie die Zucchini [Ekü] fein gestiftelt zu, ebenso den geriebenen Ingwer [Mw] und die fein geschnittene Frühlingszwiebel [Mw].
- Anschließend mengen Sie die gekochten roten Linsen [Wn], 1 TL Meersalz [Ww] und 1 Ei [Wn] sowie die klein gehackte Petersilie [Hn], je 1 Prise scharfen Paprika [Fw], Kurkuma [Fkü] und 2 EL Hafer- oder Buchweizenflocken [Fw] unter die Masse.
- Zum Schluss fügen Sie noch 4 EL Reismehl [En] und schwarzen Sesam [En] zu.
- Mischen Sie die Masse gut durch und lassen Sie sie ca. ½ Stunde rasten.
- Mit einem Esslöffel geben Sie kleine Portionen in auf 100 Grad erwärmtes Olivenöl und drücken Sie sie flach. Braten Sie die Laibchen kurz von beiden Seiten an (ca. 5 Minuten je Seite), bis die Taler goldgelb sind.
- Dazu passt Gemüse und/oder frischer Salat.

Zutaten:

200 g Zucchini, fein gestiftelt

200 g Süßkartoffeln, gekocht und zerdrückt

1 Msp. geriebener Ingwer

1 Frühlingszwiebel

1 TL Meersalz

1 Ei

frische Petersilie, klein gehackt

50 g rote Linsen, gekocht

je 1 Prise Paprika, scharf, und Kurkuma

2 EL Hafer- oder Buchweizenflocken

4 EL Reismehl

1 TL schwarzer Sesam

2 EL Olivenöl

TIPP:
Kochen Sie die roten Linsen in ca. 20 Minuten weich: 50 g Linsen, doppelte Menge Wasser, 1 TL Suppenwürze, Herd einschalten, 1 Prise Petersilie, ½ TL Bohnenkraut, 1–2 Lorbeerblätter. Sollten Sie Flüssigkeit brauchen, gießen Sie heißes Wasser zu.

Wirkung:
kühlt Leber- und Magen-hitze, stärkt Milz und Nieren; durch die wär-menden Gewürze ein ausgleichendes Gericht

H = Holz I F = Feuer I E = Erde I M = Metall I W = Wasser
n=neutral I w=warm I h=heiß I kü=kühl I ka=kalt ➲ z. B. Hkü = Holz kühl

KARTOFFEL-MANGOLD-RUCOLA-PFANNE

Zubereitung:

- Kochen Sie die Kartoffeln [En] weich, schälen und zerdrücken Sie sie grob in einer Schüssel.
- Rösten Sie die Sonnenblumenkerne ohne Fett, bis sie leicht braun werden und nussig duften. Geben Sie die Kerne dann auf ein Teller.
- Erwärmen Sie das Olivenöl [Ekü] auf max. 100 Grad und rösten Sie die grob geschnittene Gemüsezwiebel [Mkü] für ca. 5 Minuten goldgelb an.
- Geben Sie den in Streifen geschnittenen Rucola [Fn] und den grob geschnittenen Mangold [Ekü] hinzu und dünsten Sie ihn so lange, bis er „zusammen fällt" und weich ist (ca. 5–10 Minuten).
- Geben Sie die Kartoffeln [En] und die Gewürze in folgender Reihenfolge hinzu: fein gehacktes Liebstöckel [Mw], Salz [Ww], Kümmel [Ww], Sesam [Hn], Muskatnuss [Fw-h], Rosenpaprika [Fn], fein gehackten Rosmarin [Fw] und Kurkuma [Fkü].
- Nun fügen Sie noch die grob geraspelte Karotte [En] oder die halbierten Cocktailtomaten [Ekü] und den würfelig geschnittenen Schafskäse [Ew] oder Tofu rosso [En] dazu. Verrühren Sie alles sorgfältig, damit sich die Gewürze gut mit Kartoffeln und Mangold vermischen, und rösten Sie alles für 1–2 Minuten gut durch. Schalten Sie den Herd aus.
- Gießen Sie Soja Cuisine [Ekü], vermischt mit Suppenwürze [En], darüber und lassen Sie alles für ca. 5 Minuten zugedeckt durchziehen.
- Mit gerösteten Sonnenblumenkernen [Ew] servieren.

Zutaten:

400 g Kartoffeln (wahlweise auch Süßkartoffeln)

200 g Mangold

100 g Rucola

1 große Gemüsezwiebel, rot

100 g Schafskäse oder Tofu (z.B. Tofu rosso)

⅛ l Soja Cuisine

1 Karotte, grob geraspelt, oder 8 Cocktailtomaten

2 EL Olivenöl

3 Blatt Liebstöckel, frisch

1 TL Meer- oder Steinsalz

1 TL Kümmel, ganz

1 TL Sesam, schwarz

1 Msp. Muskatnuss

2 Blatt Rosmarin, frisch

1 Msp. Rosenpaprika, süß

1 Msp. Kurkuma

1 EL Sonnenblumenkerne, geröstet

1 TL Suppenwürze

Wirkung:
ein die Mitte stärkendes Gericht; nährt Qi, Yin und Yang, wärmt von innen heraus

H = Holz I F = Feuer I E = Erde I M = Metall I W = Wasser
n=neutral I w=warm I h=heiß I kü=kühl I ka=kalt ➲ z. B. Hkü = Holz kühl

CHINAKOHL-SALAT mit GRANATAPFEL

Zubereitung:

- Schneiden Sie den Chinakohl [Ekü] feinnudelig.
- Geben Sie Basilikum [Mw] und die klein geschnittene Frühlingszwiebel [Mw] zu, ebenso die Salzsole [Wn] und ca. ⅛ l Wasser, den Apfelessig [Hw], die Granatapfelkerne [Hw] und die Prise Paprika [Fn].
- Mischen Sie nun noch den Agavendicksaft [Ew] und das Sonnenblumenöl [En] unter den Salat.

Zutaten:

1 mittlerer Chinakohl

¼ Granatapfel

1 Apfel mit roter Schale

½ TL Basilikum, getrocknet

2–3 EL Salzsole

⅛ l Wasser

2 EL Apfelessig

1 Prise Paprika, süß (oder scharf)

2 EL Agavendicksaft

2 EL Sonnenblumenöl (oder Olivenöl)

1 Frühlingszwiebel

Wirkung Chinakohl:

Der Chinakohl zählt zu den 8 Schätzen der 5-Elemente-Küche. Ihm wird eine abwehrkräftestärkende Wirkung zugeschrieben. Aber auch die Verdauungskraft wird durch ihn unterstützt. Er weist eine hohe Menge an Vitamin C auf, weshalb er uns gerade im Winter als eines unserer heimischen Gemüse dieses wichtige Vitamin zuführt.
Weiters wirkt der Chinakohl auch entwässernd, beruhigend auf das Herz und abführend. Er führt jedoch nicht zu Blähungen wie andere Kohlarten und kann deshalb auch roh sehr gut verzehrt werden. Allerdings schmeckt er auch kurz angebraten oder gedünstet, angereichert mit Kräutern, hervorragend!

Wirkung:

stärkt und nährt die Mitte und das Herz

H = Holz | F = Feuer | E = Erde | M = Metall | W = Wasser
n=neutral | w=warm | h=heiß | kü=kühl | ka=kalt ⊃ z. B. Hkü = Holz kühl

151

BUNTER BLATTSALAT

Zubereitung:

- Grünen Salat [Ekü] und Radicchio [Fkü] waschen.
- Geben Sie den grünen Salat [Ekü] zerkleinert in eine Salatschüssel, fügen Sie die fein geschnittenen Frühlingszwiebeln [Mw], die Salzsole [Wn] und das Wasser [W], den Apfelessig [Hn-w], den zerkleinerten Radicchio [Fkü] und das frische, fein geschnittene Basilikum [Fw] hinzu.
- Anschließend fügen Sie den Agavendicksaft [Ew] und das Kürbiskernöl [Ew] hinzu und vermengen alles mit zwei Esslöffeln.
- Zum Schluss streuen Sie die Maiskörner [En-w] als Farbtupfer über den Salat.

Zutaten:

1 Häupel grüner Salat

1 kleines Häuperl Radicchio-Salat

1–2 Stk. Frühlingszwiebel

1 EL Agavendicksaft

frisches [Fw] oder

getrocknetes Basilikum [Mw]

1–2 El Salzsole

60 ml Wasser

1 EL Apfelessig

2 EL Kürbiskernöl

2–3 EL Maiskörner

Wirkung:

Hitze kühlend, erfrischend und verdauungsfördernd, Feuchtigkeit trocknend

H = Holz | F = Feuer | E = Erde | M = Metall | W = Wasser
n=neutral | w=warm | h=heiß | kü=kühl | ka=kalt ➲ z. B. Hkü = Holz kühl

153

SCHWARZER-RETTICH-SALAT

Zubereitung:

- Schälen Sie die Rettichknollen [Mn] und stifteln Sie sie fein in eine Salatschüssel.
- Fügen Sie das Salz [Ww] zu, vermischen Sie es mit dem Rettich und lassen Sie ihn ca. 10 Minuten rasten.
- Nun geben Sie Wasser und Apfelessig [Hw], den klein geschnittenen Rucola [Fkü], die fein gestiftelten oder blättrig gehobelten Karotten [En] bzw. den Apfel [Ekü], den Agavendicksaft [Ew] und Sesamöl [En] hinzu.
- Garnieren Sie den Salat zum Abschluss mit den gerösteten Sonnenblumenkernen [Ew].

Zutaten:

3 mittlere Knollen schwarzer Rettich

2–3 TL Meersalz

⅛ l Wasser

2 EL Apfelessig

1 Handvoll Rucola

1–2 Karotten

oder 1 Apfel mit roter Schale

2 EL Agavendicksaft

2 EL Sesamöl (oder anderes nach Geschmack)

1 EL Sonnenblumenkerne, ohne Fett geröstet

Hustensaft:
Höhlen Sie den Rettich leicht aus und füllen Sie die Höhle mit Kandiszucker. Legen Sie die Knolle auf ein Glas und lassen Sie es über Nacht stehen. Der Sirup, den Sie am nächsten Morgen vorfinden, ist ein natürliches Hustenmittel bei festsitzendem, schmerzendem Husten!

Wirkung:
Der Rettich ist einer der acht Schätze der TCM. Rettich löst Schleim aus Magen und Lunge, löst Stagnationen (Schmerzen!), jedoch ohne Hitze zu erzeugen! Er wirkt entgiftend, scheidet „schlechte Flüssigkeiten" aus und vertreibt die Kälte.

H = Holz I F = Feuer I E = Erde I M = Metall I W = Wasser
n=neutral I w=warm I h=heiß I kü=kühl I ka=kalt ➲ z. B. Hkü = Holz kühl

SELLERIESALAT

Zubereitung:

- Schneiden Sie den Sellerie [Mn] in kleine, blättrige Stücke und geben Sie ihn in einen Topf.
- Fügen Sie Salz [Ww], Wasser und den Essig [Hw] zu und schalten Sie die Herdplatte ein [F].
- Geben Sie die gemörserten Wacholderbeeren [Fw] dazu und bringen Sie das Ganze zum Kochen. Schalten Sie auf kleine Flamme und lassen Sie den Salat für ca. 15 Minuten leicht ziehen, bis der Sellerie bissfest ist.
- Gießen Sie die Flüssigkeit ab und geben Sie den Salat in eine Schüssel. Fügen Sie noch Sonnenblumenöl [Ekü] und Agavendicksaft [Ew] zu. Bei Bedarf können Sie noch mit getrocknetem Basilikum [Mw] würzen. Sollte Ihnen die Würze zu wenig sein, können Sie mit Salz [Ww] und Apfelessig [Hw] nachbessern.
- Servieren Sie den Salat, sobald er ausgekühlt ist.

Zutaten:

1 Sellerieknolle

ca. ¾ l Wasser

1 EL Salz

ca. 60 ml Apfelessig

4–5 Wacholderbeeren, gemörsert

Sonnenblumenöl

1 El Agavendicksaft

auf Wunsch 1 TL Basilikum, getrocknet

Wirkung:
kühlt Leber- und Magenhitze (Zorn, Aphten im Mund]), trocknet Feuchtigkeit, bildet Körpersäfte

H = Holz I F = Feuer I E = Erde I M = Metall I W = Wasser
n=neutral I w=warm I h=heiß I kü=kühl I ka=kalt ➲ z. B. Hkü = Holz kühl

157

ZUCKERHUT-SALAT mit APFEL und RADIESCHENSPROSSEN

Zubereitung:

- Schneiden Sie den Zuckerhut [Fkü] feinnudelig und geben Sie ihn in eine Salatschüssel.
- Schneiden Sie nun den Apfel [Ekü] mit der Schale in kleine Stücke und mengen Sie ihn unter den Salat.
- Fügen Sie nun die fein geschnittene Frühlingszwiebel [Mw] und die Radieschensprossen [Mn] zu (vorher mit warmem Wasser gut abspülen).
- Geben Sie nun die Salzsole [Wn], das Wasser [W], den Apfelessig [Hn], den Galgant [Fw-h], das Olivenöl [Ekü] und den Agavendicksaft [En-w] zum Salat und mengen Sie alles gut durch.

Zutaten:

½ Zuckerhut

1 Apfel mit roter Schale

1 Stängel Frühlingszwiebel

1 EL Radieschensprossen

(aus dem Keimglas)

1–2 EL Salzsole

ca. 60 ml Wasser

2 EL Apfelessig

1 gute Prise Galgant

1 EL Agavendicksaft

1 EL Olivenöl

(oder Arganöl)

Wirkung:
Herzhitze kühlend, die
Mitte nährend

H = Holz | F = Feuer | E = Erde | M = Metall | W = Wasser
n=neutral | w=warm | h=heiß | kü=kühl | ka=kalt ➲ z. B. Hkü = Holz kühl

ERDBEERTORTE
mit BISKUITBODEN

Zubereitung:

- Eier [En] mit Vollrohrzucker [Ew] schaumig rühren, bis Sie mit der Masse schreiben könnten (ca. 10–15 Minuten).
- Vanillearoma [Ew], Kardamom [Mw], Meersalz [Ww], Sesam [Hw] und Orangenschalen [Fw] zufügen und das Mehl vorsichtig unterheben [Ew].
- In eine runde, befettete Tortenform füllen und bei Mittelhitze ca. 20 Minuten backen; noch warm mit Marmelade Ihrer Wahl bestreichen.
- Nun bereiten Sie das Tortengelee zu und lassen es ca. 10 Minuten unter mehrmaligem Umrühren leicht abkühlen.
- Verteilen Sie die geschnittenen Erdbeeren auf der Torte und glasieren Sie sie mit dem Tortengelee. Nach ca. 30 Minuten können Sie diese Sommer-Köstlichkeit genießen!

Zutaten:

3 Eier

110 g Vollrohrzucker

1 Vanillearoma

80 g Dinkelmehl

20 g Buchweizenmehl

20 g Gerstenmehl

1 Kapsel Kardamom, frisch gemörsert

1 Prise Meersalz

1 EL Sesam

¼ TL Orangenschalen, gerieben

Alsan Bio zum Befetten der Form

500 g frische Erdbeeren zum Belegen

1 Pckg. Tortengelee, klar (aus dem Biomarkt)

Marmelade ihrer Wahl

Wirkung:
stärkt die Mitte, Säfte aufbauend, ein Kuchen für die Sommerzeit

H = Holz | F = Feuer | E = Erde | M = Metall | W = Wasser
n=neutral | w=warm | h=heiß | kü=kühl | ka=kalt ➲ z. B. Hkü = Holz kühl

161

MARILLENKNÖDEL
im KÜRBISKERNMANTEL

Zubereitung:

- Magertopfen (Magerquark) [Hkü] in eine Rührschüssel geben und Kakao [Fw] und Mohn [Fw] zufügen.
- 30 g Dinkelgrieß [En] oder Reisgrieß [En] und 3 EL Vollkornbrösel [En], 1 Prise Zimt [Mh] und 1 Kapsel frisch gemörserten Kardamom [Mw] zugeben. (Sollten Sie keinen frischen Kardamom haben, nehmen Sie das Pulver. Frischer Kardamom enthält mehr ätherische Öle und trocknet die durch den Topfen entstehende Feuchtigkeit besser ...)
- 1 Ei [Wn] zufügen, ebenso 1 Teelöffel Sesam [Hw], ½ Teelöffel getrocknete und geriebene Orangenschalen [Fw] und das Vanillearoma [Ew].
- Teig mit dem Mixer gut verrühren, ca. 15–30 Minuten rasten lassen.
- Umhüllen Sie die Marillen mit dem Teig, formen schöne Knödel daraus und wälzen diese leicht im Mehl.
- In leicht kochendem Wasser für ca. 15 Minuten ziehen lassen.
- Danach die Knödel aus dem Wasser nehmen und in dem Kürbiskern-Rohrohrzuckergemisch vorsichtig wälzen.

Zutaten (8 Knödel):

250 g Magertopfen

1 gute Msp. Vanillearoma

½ TL dunkler Kakao, schwach entölt

1 TL Sesam

1 EL Mohn, gemahlen

1 Ei

½ TL Orangenschalen, getrocknet und gerieben

30 g Dinkelgrieß oder

30 g Reis (mit der Getreidemühle auf „20" geschrotet)

8 Marillen

1 Prise Zimt

1 Kapsel Kardamom, frisch gemörsert

3 EL Vollkornbrösel

etwas Mehl zum Wälzen der Knödel

4 EL Kürbiskerne, grob gemahlen, mit 1 EL Rohrohrzucker vermischt

Wirkung:
sowohl Yin als auch Yang nährend, Mitte entspannend, ein Gericht für den Sommer

H = Holz | F = Feuer | E = Erde | M = Metall | W = Wasser
n=neutral | w=warm | h=heiß | kü=kühl | ka=kalt ➲ z. B. Hkü = Holz kühl

163

OBSTKUCHEN

Zubereitung:

- Heizen Sie das Backrohr bei 150 Grad Ober- und Unterhitze vor.
- Geben Sie die zimmerwarme Margarine oder Alsan [En] in kleinen Stücken in eine Rührschüssel und verrühren Sie sie mit dem Vollrohrzucker [Ew] und dem Vanillearoma [Ew] schaumig (ca. 10 Minuten).
- Rühren Sie Zimt [Mh], Kardamom [Mw] und die ganzen Eier [Wn] nach und nach unter die Masse.
- Fügen Sie den Sesam [Hw], den Kakao [Fw] oder/ und die Haselnüsse [Fw] und den Rum [Fh] hinzu.
- Nun heben Sie das mit Backpulver [En] vermischte Mehl [Ew] abwechselnd mit der Milch [En] unter die Masse.
- Streichen Sie den Teig auf ein befettetes Blech und belegen Sie ihn mit Zwetschken [En] oder Kirschen [Ew] bzw. auch Marillen [Ew]. Zum Abschluss streuen Sie vorsichtig noch ein wenig gemahlenen Zimt [Mh] über den gesamten Kuchen.
- Backen Sie den Kuchen bei Mittelhitze (ca. 180 Grad) 25–30 Minuten.

Zutaten (1 Blech):

200 g Margarine, z. B. Alsan Bio

200 g Vollrohrzucker

1 Msp. Vanillearoma

3 ganze Eier

400 g Mehl (Dinkelmehl)

1 Pck. Backpulver

¼ l Milch (Reis-, Soja- oder Kuhmilch)

½ kg Obst zum Belegen (Marillen, Zwetschken, Kirschen ...)

1 TL Kakao

1 Prise Zimt

2 Kapseln Kardamom, frisch gemörsert

1 EL Sesam

1 EL Rum

Zimt zum Bestreuen

auf Wunsch:

50 g Haselnüsse, gerieben

TIPP:
Sie können das Mehl auch wie folgt mischen:
50 g Buchweizen, 50 g Gerste, 300 g Dinkel. Der Teig wird dadurch etwas bekömmlicher, leichter verdaulich und schmeckt nussiger.

Wirkung:
stärkt und wärmt die Mitte und die Nieren,
ein Kuchen für die Obstsaison

H = Holz I F = Feuer I E = Erde I M = Metall I W = Wasser
n=neutral I w=warm I h=heiß I kü=kühl I ka=kalt ➲ z. B. Hkü = Holz kühl

SACHERTORTE

Zubereitung:

- Schmelzen Sie 160 g Zartbitterkuvertüre [Fw] im Wasserbad und lassen Sie sie leicht abkühlen.
- Rühren Sie die flüssige Schokolade [Fw], Butter [En], Zucker [Ew] und Vanille [Ew] sehr flaumig (ca. 20 Minuten) und geben Sie nach und nach die Dotter [Ew] zu.
- Nun fügen Sie den gemörserten Kardamom [Mw] und das Hirschhornsalz [Wn] zu.
- Schlagen Sie das Eiweiß [Wkü] zu einem steifen Schnee (Messerschnitt-Probe) und geben Sie ihn zur Rührmasse (noch nicht vermengen!), ebenso Haselnüsse [Hw] und Mariendistelsamen [Fka].
- Sieben Sie das frisch vermahlene, mit Backpulver vermischte Mehl [Ekü] über die Masse und heben Sie alles ganz vorsichtig mit dem Schneebesen unter.
- Füllen Sie den Teig in eine befettete 22-cm-Springform und backen Sie die Torte bei 160–170 Grad ca. 1 Stunde (Rohr bei O/U leicht vorheizen).
- Nach dem Backen abkühlen lassen und stürzen.
- Schneiden Sie die Torte in der Mitte durch und füllen Sie sie mit warmer Marillenmarmelade. Setzen Sie die Torte zusammen und bestreichen Sie nun auch die gesamte Tortenaußenseite.
- Anschließend überziehen Sie die Torte mit der Schokoladenglasur (Schokolade und Alsan gemeinsam aufschmelzen) und lassen die Glasur ca. 5 Minuten im Kalten anziehen, bevor Sie die Streusel auftragen (sonst versinken die Streusel in der warmen Glasur!).

Zutaten:

160 g Butter oder Alsan Bio

160 g Vollrohrzucker

1 TL Vanillepulver

160 g Schokolade (Zartbitterkuvertüre)

5 Dotter

5 Eiklar

160 g Mehl (100 g Weizen, 40 g Gerste, 20 g Buchweizen)

1 TL Weinstein-Backpulver

1 EL Haselnüsse, gemahlen

1 El Mariendistelsamen, gemahlen (erhältlich in Apotheken)

100 g Zartbitterkuvertüre und 50 g Alsan Bio für die Glasur

150 g Marillenmarmelade

bunte Streusel

3 Kapseln Kardamom, frisch gemörsert

1 Prise Hirschhornsalz

Wirkung:
Yang aufbauend, wärmend, für die kalte Jahreszeit

H = Holz | F = Feuer | E = Erde | M = Metall | W = Wasser
n=neutral | w=warm | h=heiß | kü=kühl | ka=kalt ➲ z. B. Hkü = Holz kühl

MARILLENKUCHEN im SCHLAFROCK

Bereiten Sie einen Marillenkuchen nach Rezept „Obstkuchen" von S. 165 zu (ganzes Blech).

Zubereitung:

- Lassen Sie die Gelatine [En] mit Wasser bedeckt ca. 15 Minuten einweichen.
- Geben Sie das Schafmilch-Joghurt [En-w] gemeinsam mit dem Rohrohrzucker [En] in eine Rührschüssel.
- Fügen Sie das Vanillepulver [Ew], den gemörserten Kardamom [Mw] und den Seidentofu [Wkü] hinzu und mixen Sie alles für ca. 5 Minuten gut durch (so lange, bis der Seidentofu keine „Bröckchen" mehr hat).
- Verfeinern Sie sodann mit dem Saft der Orange [Hkü] und der Zitrone [Hkü], dem Cointreau [Fh] und den Orangenschalen [Fw].
- Erwärmen Sie den Weißwein [Hkü] leicht und geben Sie die ausgedrückte Gelatine [En] hinein.
- Gießen Sie das Weißwein-Gelatine-Gemisch unter ständigem, vorsichtigem Mixen zur Masse hinzu.
- Stellen Sie die „Schlafrock-Masse" für ca. 10 Minuten in den Kühlschrank, sodass sie etwas fester wird, jedoch noch gut streichbar ist. Dann streichen Sie sie auf den leicht erkalteten Marillenkuchen und stellen ihn noch einmal für ca. 1–2 Stunden kalt (bis der „Schlafrock" fest geworden ist).
- Servieren Sie mit Marillenspalten [Ew], einem Zitronenmelissenblatt [Ekü] und etwas Zimt [Mw].

Zutaten:

2 Gläser Schafmilch-Joghurt
á 200 g
400 g Seidentofu
3 Kapseln Kardamom, frisch
gemörsert
Saft von 1 Orange
Saft von ½ Zitrone
3 EL Cointreau
3 EL Weißwein
1 TL getrocknete
Orangenschalen
100 g Rohrohrzucker
12 Blatt Gelatine
½ TL Vanillepulver
Marillenspalten,
Zitronenmelisse und Zimt
zum Garnierne

Wirkung:
sowohl Yin als auch Yang nährend, Mitte entspannend, ein Kuchen für den Sommer

H = Holz I F = Feuer I E = Erde I M = Metall I W = Wasser
n=neutral I w=warm I h=heiß I kü=kühl I ka=kalt ➲ z. B. Hkü = Holz kühl

SCHOKOMUFFINS (12 Stück)

Zubereitung:

- Heizen Sie den Backofen auf 180 Grad (160 Grad Heißluft) vor.
- Vermischen Sie das Ei [En], den Zucker [Ew], das Vanillepulver [Ew] und das Öl [Ekü] in einer Rührschüssel mit einem Schneebesen.
- Rühren Sie Kardamom [Mw], die Prise Meersalz [Ww], die Buttermilch [Hkü], die zerkleinerten Preiselbeeren [Hkü], die Orangenschalen [Fw], die grob geraspelte Zartbitter-Kuvertüre [Fw] und den dunklen Kakao [Fw] unter die Eimasse.
- Fügen Sie die gestifteten Mandeln [Fw] oder Cashewkerne [En] hinzu und heben Sie das Mehl [En], vermischt mit Backpulver [En] und Natron [En], vorsichtig unter den Teig.
- Füllen Sie den Teig in die Muffinformen, verzieren Sie sie mit Kumquat-Scheiben [Ew] und grob gehackten Cashewnüssen [En] und backen Sie die Muffins auf der Mittelschiene in 20–25 Minuten bei 180 Grad (160 Grad Heißluft) goldbraun.
- Nach dem Herausnehmen lassen Sie die Muffins noch für ca. 5 Minuten in der Backform ruhen, nehmen sie heraus und lassen sie abkühlen oder genießen sie noch warm zu einer guten Tasse Tee.

Zutaten:

250 g Mehl (80 g Dinkel, 80 g Pharaonenkorn, 50 g Gerste, 40 g Buchweizen oder Reis)
2½ TL Weinstein-Backpulver
1 Ei
½ TL Natron
1 Msp. Vanille (Mark)
100 g Zartbitter-Kuvertüre, grob geraspelt
125 g Rohrzucker
80 ml Sonnenblumenöl
250 g Buttermilch
2 EL Mandelstifte (od. Cashewkerne)
1 EL dunkler Kakao
1 TL Orangenschalen, ger.
2 Kapseln Kardamom, gemörsert
1 Prise Meersalz
50 g Preiselbeeren, frisch oder getrocknet
4–5 Kumquats

TIPP:

Vermengen Sie den Muffin-Teig mit dem Schneebesen so rasch wie möglich. Längeres Rühren würde die Muffins zäh werden lassen!

Wirkung:

Qi und Yang (Wärme) aufbauend, gleichzeitig auch ausgleichend, für die Übergangszeit und die kalte Jahreszeit

H = Holz | F = Feuer | E = Erde | M = Metall | W = Wasser
n=neutral | w=warm | h=heiß | kü=kühl | ka=kalt ➲ z. B. Hkü = Holz kühl

HEIDELBEERTALER

Zubereitung:

- Geben Sie die Eier [Wn] in eine Rührschüssel.
- Fügen Sie 1 TL Sesam [Hw], 1 TL gemahlenen Mariendistelsamen [Fka] und ½ TL getrocknete, gemahlene Orangenschalen [Fw] hinzu, ebenso das zu Mehl gemahlene Getreide [En], die Vanille [Ew] und die Milch [Ekü].
- Nun verfeinern Sie den Teig mit Zimt [Mh], gemörsertem Kardamom [Mw] und Salz [Ww] und vermengen alles mit dem Schneebesen zu einem dickflüssigen Teig (der Teig darf dicker sein als bei „normalen" Palatschinken, damit die Heidelbeeren nicht zu tief einsinken).
- Lassen Sie den Teig ca. ½ Stunde quellen.
- Backen Sie danach die Heidelbeertaler mit Alsan Bio wie folgt fertig: Setzen Sie mit einem kleinen Schöpflöffel kleine Taler in die Pfanne, verteilen Sie 1–2 EL Heidelbeeren [Ekü] auf jedem Taler und backen Sie diese bei langsamer Hitze gut aus. Eventuell kurz auch auf der Heidelbeerseite backen. Bei Bedarf noch mit Rohrohrzucker [En] oder Ahornsirup [En-w] bzw. Agavendicksaft [En] süßen.

Zutaten:

100 g Dinkel, fein vermahlen

60 g Gerste, fein vermahlen

40 g Buchweizen, fein vermahlen

3 Eier

1 TL Sesam

1 TL gemahlener Mariendistelsamen

½ TL getrocknete und gemahlene Orangenschalen

ca. ⅜ l Milch (je nach Bedarf auch Soja-, Gersten- oder Hafermilch)

1 Prise Zimt, gemörsert

1 Kapsel Kardamom, gemörsert

1 gute Prise Vanille

1 Prise Meersalz

500 g Heidelbeeren

Alsan Bio zum Ausbacken

Mehlmischung:
Der Teig schmeckt nussiger, die Gerste harmonisiert den Magen und gleicht ebenso wie Buchweizen die befeuchtende Wirkung von Milch und Dinkel etwas aus.

Wirkung:
Qi und Säfte aufbauend, Milz und Magen stärkend

H = Holz | F = Feuer | E = Erde | M = Metall | W = Wasser
n=neutral | w=warm | h=heiß | kü=kühl | ka=kalt ➲ z. B. Hkü = Holz kühl

UND ZUM ABSCHLUSS ...

Hier endet die Reise durch mein Buch. Jedoch, wenn Sie möchten, dann beginnt Ihre eigene, ganz persönliche Reise jetzt. Vielleicht kann mein Buch ein treuer Weggefährte für Sie sein, der sie immer wieder aufs Neue inspiriert und motiviert, dranzubleiben auf dem Weg in Ihr Herz. Und, wer weiß, vielleicht lernen wir uns ja auch noch persönlich kennen. Das würde mich sehr freuen!!

Ich bedanke mich für Ihr Vertrauen, dass Sie mein Buch gewählt haben und meine Gedanken, Erfahrungen und Inspirationen nun mit mir teilen.

Ich wünsche Ihnen von ganzem Herzen eine gute Reise, bleiben Sie Ihrem Herzen treu und folgen Sie ihm, unbeirrt und voller Vertrauen. Es ist ein wunderbarer Führer.

Von Seele zu Seele
Kristal Clear Heart – Claudia Holl

174

DANKSAGUNG

Ich bedanke mich bei der Gesellschaft für Ernährung nach den 5 Elementen, die mich im Jahr 2012 anlässlich des 10-Jahr-Jubiläums zu einem Vortrag einluden und im Zuge dessen das Thema dieses Buches als Vortragsthema in mir aufgetaucht ist. Aus einem anfänglichen Vortrag entstand danach dieses Buch ...

Und ich bedanke mich beim Verlag, bei Siegrid Hirsch, Wolfgang Ruzicka, Isabell Gemende und Daniela Waser, dass sie meine Idee mit Freude angenommen und als Buch umgesetzt haben!!

Ich danke all den Menschen, die mir in meinem Leben bis jetzt begegnet sind. Sie alle waren meine Lehrer auf dem Weg meines Lebens.

Ich danke auch allen meinen Lehrern, die ich als Lehrer für mich gewählt habe in meinen verschiedensten Ausbildungen, für ihr Wissen und ihre Weisheit, an der sie mich teilhaben ließen.

Und ich danke Mutter Natur, die mich auf meinen gemeinsamen Wanderungen mit meinem Mann immer wieder aufs Neue lehrt, im Hier und Jetzt zu sein und alles, was um mich herum ist, zu spüren, zu riechen, zu schmecken, zu sehen, zu hören und über die fünf Sinne hinaus wahrzunehmen und einfach zu genießen.

Ganz besonders danke ich auch meinem Mann, der mich immer wieder mit seiner Liebe unterstützt, sodass Projekte, wie auch dieses Buch, für mich realisierbar werden.

Danke

Claudia Holl
Kochen für die Seele

Essen ist mehr als Nahrung für den Körper. Essen kann Herz und Seele wärmen. Frische, hochwertige Lebensmittel der Region entwickeln ein Eigenleben, wenn man sie zubereitet. Fügt man die Zutaten einer Speise in der „richtigen" Reihenfolge zusammen, wird das Gericht zur Seelennahrung. Selbst bei Schmankerln wie Wiener Schnitzel, Apfelstrudel oder Biskuitroulade kann der Körper das Optimum für Herz und Gemüt herausholen. Das Schöne: Kochen nach der 5-Elemente-Lehre ist einfach und bedeutet weder mehr Arbeitsaufwand noch Zeitverlust.

ISBN: 978-3-99025-106-5
Flexocover, 196 Seiten
Fadenheftung
durchgehend vierfärbig

Kontaktaufnahme

Claudia Holl, Kristal Clear Heart
Spirituell-energetische Begleitung, um dich selbst zu erkennen, zu finden, zu fühlen und zu lieben!
Durch Klarheit und Vertrauen in die eigene Kraft zur Herzöffnung mit Kinesiologie, Jin Shin Jyutsu, Goldenen Herzverbindungen, Meditation, Essenzen, Arbeit mit Engeln und Meistern, TCM und Ernährung nach den 5 Elementen

4225 Luftenberg, Österreich
E-Mail: claudia.holl@kch.at
www.kch.at